Heinrich Hupe

Genealogie und Überlieferung der Handschriften des mittelenglischen Gedichtes Cursor mundi

Heinrich Hupe

Genealogie und Überlieferung der Handschriften des mittelenglischen Gedichtes Cursor mundi

ISBN/EAN: 9783743468276

Hergestellt in Europa, USA, Kanada, Australien, Japan

Cover: Foto ©Andreas Hilbeck / pixelio.de

Manufactured and distributed by brebook publishing software
(www.brebook.com)

Heinrich Hupe

Genealogie und Überlieferung der Handschriften des mittelenglischen Gedichtes Cursor mundi

GENEALOGIE

UND ÜBERLIEFERUNG DER HANDSCHRIFTEN

DES MITTELENGLISCHEN GEDICHTES

CURSOR MUNDI.

INAUGURAL-DISSERTATION

ZUR ERLANGUNG

DER PHILOSOPHISCHEN DOCTORWÜRDE

AN DER

GEORG-AUGUSTS-UNIVERSITÄT ZU GÖTTINGEN

EINGEREICHT

VON

HEINRICH HUPE,

OBERLEHRER AM KATHARINEUM IN LÜBECK.

ALTENBURG,

DRUCK DER PIERER'SCHEN HOFBUCHDRUCKEREI. STEPHAN GEIBEL & Co.

1886.

VITA.

Ich, Heinrich Hupe, wurde am 24. Juni 1852 in Boen (Hannover) geboren. Vorgebildet auf den elementarschulen in Gretsiel, Langendorf und Dannenberg, besuchte ich von ostern 1868 an das königl. gymnasium in Oppeln (Schlesien), das ich michaelis 1874 absolvierte. Ostern 1875 gehörte ich, nachdem ich kurze zeit im postdienst beschäftigt gewesen war, der universität Göttingen bis michaelis 1877 an, war dann ein jahr in England, zuletzt lehrer an der grammar school in Holt (Norfolk), und bestand nach wiederaufnahme meiner universitätsstudien in Göttingen im august 1879 die prüfung pro fac. doc.

Meine wissenschaftliche ausbildung verdanke ich besonders den herren professoren J. Baumann, K. Goedeke, H. Lotze, Th. Müller, R. Pauli, G. Waitz, J. E. Wappæus.

Von ostern 1879—80 war ich an der höheren bürgerschule in Ribnitz (Mecklenburg), von ostern 1880—1 am gymnasium mit realklassen in Landsberg a. W. als lehrer angestellt, und seit ostern 1881 bin ich oberlehrer am Katharineum in Lübeck.

Der *Cursor Mundi*, den der verfasser selber 'Cursur o werld' nennt, jene bekannte, von Dr. R. Morris für die Early English Text Society in den jahren 1874—78 in 5 bänden herausgegebene compilation biblischer geschichte, mit der häufige reminiscenzen aus der profanen alten geschichte der Orientalen und Occidentalen verknüpft sind, handelt nach einer einleitung von 270 versen, in welchen die veranlassung zum gedichte und eine inhaltsangabe gegeben und am schluss erklärt wird dass der verfasser sich nicht der französischen sprache bedienen wolle, sondern sein buch zum besseren verständnis des gemeinen volkes ins englische übersetzt habe, von den '7 eldis of þe werld'.[1]

Das I. weltalter, vv. 271—1626, handelt von der schöpfung, dem falle Lucifers, dem paradies, dem sündenfall, Cains fluch, Adams tod und der durch Adams sünde eingetretenen allgemeinen verderbnis der welt (Gen. i—vi).[2]

[1] cf. Morris, Part IV., Contents of *C. M.* of Parts I., II., III., IV., und Tables of Contents in the Fairfax, Göttingen, and Laud MSS. in Part V. Es sind von mir verschiedene veränderungen und zusätze vorgenommen.

[2] cf. 'An Inquiry into the Sources of the Cursor Mundi, by Dr. Haenisch. 1885,' bd. VI vom Morris' ausgabe, der bald veröffentlicht wird. Haenisch's fleissig geschriebene Abhandlung bedarf noch einer eingehenderen begründung. Zunächst hätte ich gern eine zusammenstellung dessen gesehen, was der *C. M.* mit der heil. schrift gemeinsam hat. Ich habe dies mit bezug auf das alte testament getan. Dass das alte testament die direkte quelle des compilators war, ist noch fraglich; denn eines tages können wir ein älteres südenglisches gedicht finden, das denselben gegenstand behandelte und ebenfalls die *Historia Scholastica* benutzte. Dass diese annahme grosse wahrscheinlichkeit hat, sehen wir aus dem später zu beweisenden verhältnis von A zu xy. Freilich ist kein zweifel darüber dass der compilator auch Wace und Grosseteste kannte. Die von Haenisch herangezogenen parallelstellen vom *Cursor* und von der *Historia Scholastica* sind oft anders zu erklären. Cf. v. 3214 (Haenisch, pag. 7), der eine gewöhnliche jüdische tradition enthält; die vv. 3481—82 und die vorhergehenden zeilen waren ebenso gut aus Gen. xxv. 22 herzuleiten; auch v. 3964 'Jacob was master hird of his fee') enthält nichts un-

1 *

Das II. weltalter, vv. 1627—2314, handelt von der sintflut, Noah und seinen 3 söbnen, der familie Sems, des stammvaters von 'leuedi Mari', und dem turmbau zu Babel (Gen. vii—xi).

Das III. weltalter, vv. 2315—7860, handelt von Abraham, Lot und Sarah, Isaac und Ismael, Sarahs tod, Isaacs verheiratung, Jacob und Esau, Jacobs werbung, Joseph, Moses und Pharao, dem zuge durch die wüste, vom goldenen kalbe, der gesetzgebung, dem einzuge in Canaan unter Josua, den richtern, Samson, Samuel Sauls und Davids verhältnis (Gen. xii — xxxiii, xxxvii, xxxix — l; Exod. i — xviii, xix. 20—25, xxi — xxiii, xxiv. 18, xxxii; Num. xvii; Deut. xxxiv. 5—7; Jos. i, iii, xxiv. 32; Jud. i. 12, 13, iii. 9—11, 15, 31, iv. 4, 6, vi. 11, vii. 7, 25, viii. 10, x. 1—3, xi. 1, 6, xii. 8, 11—14, xiv—xvi; 1 Samuel. vii. 6, viii, ix. 16, x. 1, xvi—xviii).

Das IV. weltalter, vv. 7861—9228, handelt von Davids regierung, seinem plane zum tempelbau und seinem nachfolger (2 Sam. vii, xi, xii).

'The Story of the Three Holy Rods, or Trees', vv. 7973—8262[1], enthält eine legendenhafte erzählung, von der ich keine anklänge in der bibel finde, ebenso ist 'The Choice of David's Successor', vv. 8331—8434[1], ganz verschieden von der biblischen darstellung, während 'The Wonderful Childhood of Solomon', vv. 8435—8508[1], und 'The Story of David is finished' vv. 8509—8538[1] ohne entsprechungen in der bibel sind.

Es folgt eine erzählung von Salomos wahl der weisheit und urteil über die beiden frauenzimmer (1 Reg. iii).

Ferner wird von Salomos tempelbau erzählt, was von der bibel, 1 Reg. v — vi, sehr abweicht und teilweise legendenhaft ist, vergl.

bekanntes, und v. 4204 lässt sich leicht aus Gen. XXXVII. 29, 30 ff. ergänzen. vv. 5604—6 (Haenisch, pag. 8 — 'Aram [soll heissen 'Amram'] had three children, Moses, Aaron, and Mary') waren doch jedem 'clerk' bekannt, er hätte gewiss auch Amrams weib Jochebeth nennen können. Über v. 9197, bei welchem Haenisch, pag. 9, vertrauensvoll behauptet: 'In the Bible the name of Jechonias is not to be fonnd', cf. St. Matth. i. 11, wie überhaupt die genealogie Josephs (vv. 9233 bis 9247) mit St. Matth. i übereinstimmt. Noch eins will ich hier erwähnen: zu vv. 19509—10 (Philip þat was o dekens an þe neist fra Stenen was slan') bemerkt Haenisch, pag. 11: 'The latter line in C. is not to be found in the *Historia Scholastica*. I assume (Haenisch meint Philip wurde als nächster nach Stephan erschlagen) a misreading here, especially as the three other manuscripts differ'. Haenisch beachtet nicht die oft vorkommende auslassung des relativpronomens im nominativ, also 'Stenen þat was slan'!

[1] Haenisch bemerkt hierüber nichts.

besonders die einschiebung der erzählung von dem 'Master Spar', den der baum im garten des königs liefern soll, und von der ersten märtyrin Maximilla, vv. 8890 — 8978[1], welche legendenhafte erzählung ohne entsprechung in der bibel ist.

Zuletzt finden wir den bericht über Salomos reue und busse (1 Reg. xi), Salomos tod (1 Reg. xii, 42 — 3), und eine aufzählung der nachfolger, die sehr leicht nach der bibel zusammenzustellen war.

Das V. weltalter, vv. 9229 — 12 740, handelt von der familie Josephs und Marias (St. Matth. i), Jesaias' prophezeiung (Is. vii, ix. 6, 7, xi; Jerem. xxiii), Adams fall und dem plane die menschheit zu erlösen.

Es folgt die einschiebung der parabel von einem könige und seinen 4 töchtern. Dann lesen wir wieder prophezeiungen über Jesum, vv. 9817 — 9876, welche mit Is. ix. 6, 7 beginnen, und hieran schliesst sich eine paraphrase.

Hierauf finden wir die bekannte parabel von dem schlosse der liebe und anmut.

Alsdann wird uns erzählt von einem gebete an Maria, ihrer geburt, kindheit und heirat, Gabriel, Johannes dem täufer, Christi geburt, den 3 königen, Jesu kindheit, den wundern, seinem aufenthalt in Egypten, wie der sohn eines priesters getötet wird, und ebenso ein knabe, der ihm einem 'scou' gegeben hatte; von seinem ersten schulbesuch, der wiedererweckung eines vom söller herabgestürzten knaben durch Jesum, wie er wasser ohne einen topf nach hause trug, wie er weizen säte, der 100 fältige frucht gab, wie die löwen sich vor ihm beugten, wie er einen kurzen baum lang machte, von seinem hervorragenden wissen in der schule, wie er den bürger Joseph von Capernaum vom tode erweckte, wie er die Natter erschlug, wie des himmels licht auf den schlafenden Jesum schien, von seinen 'disputes' mit den schriftgelehrten im tempel, von Joachims frau Anna, die nach Joachims tode Cleophas und nach dessen tode Salomas heiratete.

Das VI. weltalter, vv. 12 752[2] — 21 846, handelt von Johannes dem täufer und Jesu, Jesu taufe durch Johannes, Jesu versuchung, Johannes' tod, von Jesu als wanderprediger, seiner apostelwahl, dem wunder bei der Hochzeit zu Canaan und sonstigen wundern und taten nach St. Joh., wie der speisung von 5000 menschen mit 2 fischen und

---

[1] Haenisch bemerkt hierüber nichts.
[2] vgl. pag. 32.

5 laib gerstenbrot, der heilung des blindgeborenen, der freisprechung
der ehebrecherin, der heilung des schon 38 jahre lang lahmen, der
auferweckung des Lazarus, ferner von der hartnäckigkeit der juden
und ihrem anschlage auf Jesum.

Es folgt in langzeilen die erzählung von Jesu einzug in Jerusalem,
dem abendmahl, dem verrat an Jesu, seinen letzten stunden, dem
verhör vor Caiphas und Pilatus, der kreuzigung und dem begräbnis
durch Joseph von Aramathia und Nicodemus.

Dann hören wir von einer rede zwischen Christo und dem menschen,
von der verfolgung des Joseph von Aramathia, der auferstehung
Christi, der auferstehung der beiden söhne Simeons, der erzählung
des Carius und des Lenthius über Christi niedergang und eingang
zur hölle, dem briefe des Pilatus nach Rom, Christi leben nach seiner
auferstehung, der himmelfahrt, der beschreibung der person Christi,
den taten der apostel, der ankunft des Heiligen Geistes, dem betruge
des Ananias und der Sapphira, der einkerkerung der apostel und
ihrer befreiung durch einen engel, der steinigung Stephans, der verfolgung der christen durch Saulus, von Simon Magus, der bekehrung
des Paulus, Petri predigt zu den heiden, Mariä himmelfahrt, der be-
erdigung Marias, dem ende der apostel, der auffindung des heil. kreuzes
durch einen juden und den eigenschaften des kreuzes.

Das VII. weltalter, vv. 21847—24968, handelt von Christi
ankunft, dem Antichrist, den 15 zeichen vor dem jüngsten gerichte,
dem jüngsten gericht, der hölle und ihren 9 qualen, dem himmel
und seinen 7 freuden, dem zustand der welt nach dem gerichte,
einem gebete an Maria, der trauer Marias um ihren sohn (in der
6 zeiligen schweifreimstrophe) und dem feste der unbefleckten
empfängnis der Maria.

Über diesen so mannigfachen, mit legenden verschiedener herkunft
untermischten inhalt vergleiche ich im nachfolgenden 10 mss., von
denen zum teil vollständig, zum teil in einzelnen proben 9 von
R. Morris[1] herausgegeben sind, während eins aus der bekannten
ausgabe von J. R. Lumby stammt.

Ich ordne sie nach dem mutmasslichen alter.

1. Gg = MS. Gg. 4. 27. 2, in der Cambridge University Library,

[1] Es liegt nicht im plane dieser arbeit, auf alle versehen oder auslassungen in
den bemerkungen oder in der zählung und verteilung der zeilen der einzelnen mss.,
wie sie bei Morris vorkommen, ausdrücklich aufmerksam zu machen. Nur wo es
im interesse der arbeit durchaus nötig war, oder wo ich ohne einsicht in die mss.
selber keinen rat wusste, habe ich meine bedenken geäussert.

veröffentlicht von J. R. Lumby für die E. E. Text Soc. 'King Horn, with Fragments of Floris and Blauncheflur, and of the Assumption of Our Lady, from a MS. (Gg. 4, 27. 2) in the Camb. Lib., etc., London, 1866.' Dieser folioband enthält auf den blättern 13 b — 14 b in doppelkolumnen von je 40 zeilen ein fragment von 240 versen über die Assumption of our Lady' [1]. Im *Cursor Mundi* stehen gegenüber vv. 20 065 — 848, von denen vv. 20 065 — 304 = 11—240 Gg. sind. Vgl. Lumby's preface, p. 1, wo er sagt: 'The MS. which appears to be of about the latter half of the 13th century, consists of 14 folios written in double columns, and occasionally as the lines are short, with two lines joined into one. The initial letters of the lines are written a little apart from the rest, and coloured red'.

2. E = Edinburgh fragment, aus der bibliothek des Royal College of Physicians, in einem dünnen quartband von 50 pergament-blättern, in doppelkolumnen dicht beschrieben, so dass jede 40—50 zeilen enthält. Dieser codex lässt sich auf grund der 3 verschiedenen hände in 3 besondere bücher teilen, von denen 1 und 3 ihren anteil am *Cursor* enthalten. Alle 3 handschriften gehören der letzten hälfte des 13. oder dem 1. viertel des 14. jahrhunderts [2] an, obwohl die orthographie [3] nicht konsequent dieselbe ist.

C. M. vv. 18 989—22 417 = bl. 37 a, col. 1—50 b, col. 2.

Bemerkungen. v. 19226 ist in einer anderen hand nachgetragen; nach v. 19476 ist ein leerer raum von 14 zeilen breite; nach v. 19656 ein solcher von 13 zeilen, ohne dass an beiden stellen etwas weg-gelassen wäre; nach v. 20149 sind 4 blätter verloren gegangen, es fehlen zwischen bl. 43 und 44 vv. 20150 — 800; bei vv. 19717 und 19718, vv. 20849, 50, 54, 20902 — 23, 22373 — 8 fehlen am rande einige buchstaben, die vom buchbinder abgeschnitten sind; bl. 44 und 45 sind sehr beschädigt, es fehlen bei vv. 21024, 28, 32 — 48, 21073 — 88, 21135—41 zum teil mehr als halbe zeilen; vv. 21142 bis 21258 und 21259—600 (von vv. 21259—64 sind am ende der zeilen einige buchstaben resp. wörter erhalten) fehlen. Morris bemerkt dass

---

[1] cf. F. Gierth '*Über die älteste mittelenglische version der Assumptio Mariæ* (Englische studien, VII, 1—33). Gierth vergleicht Gg mit A und anderen mss., aber nicht mit den texten in Morris' edition; vgl. deshalb a. a. o. pag. 22, 30.

[2] cf. *Engl. Metrical Homilies* from MSS. of the Fourteenth Century, etc., by John Small, Edinburgh, 1862, Introd. XI.

[3] Zu beachten ist in teil 1 des ms. z. b. 'you, ye', etc. und in teil 3 'gie, giu' etc.

zwischen bl. 45 und 46 2 blätter fehlen und fügt, ohne über die lücke von vv. 21142—258 etwas zu sagen, hinzu dass auf diese weise 337 zeilen fehlen. Morris rechnet von vv. 21264—600. Stehen die verstümmelten zeilen vv. 21259—64 noch auf bl. 45 b, col. 2, welche 48 zeilen bereits hat? v. 22040 steht auf dem rand und ist infolge dessen zum teil abgeschnitten. Einige lateinische überschriften sind von einer späteren hand hinzugefügt.

C. M. vv. 22418—24968 = bl. 1 a, col. 1—15 b, col. 2.

Bemerkung. vv. 24360—520 (von diesem letzteren ist nur 'Sa fersli to fall' erhalten) fehlen zwischen bl. 12 und 13; es ist also 1 blatt verloren gegangen.

3. C = Cotton Vespas. A iii aus der bibliothek des britischen museums. Es ist ein folioband, der auf 138 blättern pergament, in doppelkolumnen von je ungefähr 45 zeilen, von drei verschiedenen händen aus derselben zeit (1. hälfte des 14. jahrhunderts) und an einigen stellen von einer 4. hand aus einer späteren zeit dicht beschrieben die vollständigste version des C. M. enthält. Auf 23 weiteren blättern stehen noch verschiedene 'Additions.'

C. M., vv. 1—16748 = bl. 2—91 b, col. 2 von einer hand.

„ vv. 16749—16762, dann 149 extra zeilen und

„ vv. 16803—814, dann 72 extra zeilen = bl. 92 a, col. 1— 93 b, col. 1 z. 8 von einer zweiten hand und in einem verschiedenen (mittelländ.) dialekt.

„ vv. 16849—17288 = bl. 93 b, col. 1, z. 9—95 b, col. 2, z. 19 von der ersten hand. Die einschiebung 'Of the Resurrection,' 466 extra zeilen, und

„ vv. 17289—17316 = bl. 95 b, col. 2, z. 20—98 b, col. 2 sind von der zweiten hand wieder.

„ vv. 17317—17852 = bl. 99 a, col. 1—101 b, col. 2 sind von der ersten hand.

„ vv. 17853—18028 fehlen. 'The Cotton MS. seems to have lost a leaf here, as the catchwords "þou late us" are not on the next page.'

„ vv. 18029—20064 = bl. 102 a, col. 1—112 b, col. 2 von der ersten hand.

„ vv. 20065—21172 = bl. 113 a, col. 1—119 a, col. 1 von einer dritten hand.

„ vv. 21173—23450 = bl. 119 a, col. 2—131 a, col. 2 und

C. M., vv. 23451—23542 = bl. 132 a, dann

,, vv. 23543—23634 = bl. 131 b, und

,, vv. 23635—24968 = bl. 132 b, col. 1—139 b, col. 1, z. 36
von der ersten hand.

Die seiten von bl. 131 b und 132 a sind im ms. vertauscht.

Bemerkungen. In den zeilen 1037 und 38 sind die wörter 'gyon', 'eufrates & fison' von einer ganz anderen hand und tinte. v. 6779 und die hälfte von v. 6780 sind von einer späteren hand frei ergänzt. In v. 7222 will die spätere hand 'þou' in 'hoo', in v. 7252 'hare' in 'hore', in v. 7286 'smerld' in 'enoynted' (vgl. auch vv. 7328, 7376, 7399) verbessern. In v. 7304 wird 'nise' am ende der zeile von der späteren hand frei ergänzt. In v. 7408 ist 'wit his gleu' in 'wit gleu wald' verbessert. Bei den vv. 24306—10 ist das ms. zerrissen, so dass der anfang der zeilen fehlt. In v. 24383 ist das reimwort 'sare' ergänzt.

Nach v. 24968 kommen die 'Additions.'

1. 'An Exposition of the Creed', vv. 24973—25102 = bl. 139 b, col. 1, z. 37—140 a, col. 2, z. 26.

2. 'The Lord's Prayer and its Exposition,' vv. 25103—25402 = bl. 140 a, col. 2, z. 27—141 b, col. 2, z. 18.

3. 'A Prayer to the Trinity,' vv. 25403 — 25486 = bl. 142 b, col. 1, z. 12 [1]—143 a, col. 1, z. 1—3.

4. 'A Prayer for the Hours of the Passion,' vv. 25485—25618 = bl. 141 b, col. 2, z. 19—142 b, col. 1, z. 11. [1]

5. 'The Boke of Penance,' vv. 25684—29547 = bl. 143 a, col. 1 bis 163 a, col. 1, z. 20.

Bemerkungen. vv. 25151—54, vv. 25176 & 7 zeigen einige verwischte buchstaben. vv. 25619—83 'A Song of the Five Joys of our Lady' sind nur in dem Göttinger ms.

4. A = Additional MS. 10,036 im britischen museum. Es ist ein kleiner oktavband, der auf den blättern 62—80 in einer kolumne von regelmässig 24 zeilen beschrieben in 904 versen (gegenüber den vv. 20065 — 848 in den anderen texten) die bekannte erzählung von der 'Assumption of our Lady' enthält. Mit einem selbständigen an-

---

[1] Morris bemerkt bei v. 25403: 'This prayer comes after l. 25474, pag. 1459 in the Cotton MS.', was wohl ein irrtum ist. In dem Cotton ms. kommt 'A Prayer to the Trinity' nach 'A Prayer for the Hours of the Passion,' was mit dem Göttinger und Fairfax ms. nicht übereinstimmt.

fang von 12 zeilen beginnend bringt das ms. am ende etwa 200 zeilen neues. Die handschrift stammt aus der 1. hälfte des 14. jahrhunderts.

5. G = MS. Theol. 107 r. in der Göttinger universitäts-bibliothek. Es ist ein quartband, der auf 164 blättern und dem anfang eines 165. blattes von pergament in doppelkolumnen (siehe unten die ausnahmen) von je ungefähr 38 zeilen von einer hand aus der 1. hälfte des 14. jahrhunderts in grosser schrift beschrieben, nach C die vollständigste version des *C. M.* enthält.

Auf der vorderseite von bl. 1 steht in 4 mit roter tinte geschriebenen kolumnen eine inhaltstabelle, an deren schluss unter den 'Additions' als no. 96, 'Of þe purgatori of saint patrick' erwähnt wird, das aber im ms. nicht mehr vorhanden ist, denn dasselbe bricht mit v. 25766 ab. Unter der tabelle sieht man einen halb verwischten schild mit 4 feldern.

Part V., 1 *a* giebt Morris die bemerkung: 'A fly-leaf has the book-plate (with arms, and motto 'prudenter et sincere') of C. T. Sullow, and a note that the MS. was bought at auction, in Hanover, on June 14, 1786: 'In Hannover erstanden den 14. Juni 1786.'

C. M. vv. 1—974 — bl. 1 *b*, col. 1—7 *b*, col. 2.

" vv. 975—988 fehlen; 'no gap.'

" vv. 989—14933 = bl. 8 *a*, col. 1—110 *b*, col. 1, z. 22 und col. 2, z. 16.

" vv. 14937—17110 in einer kolumne von langen zeilen = bl. 100 *b*, z. 23—104 *b*, z. 34. vv. 14934—6 sind die überschriften für die 'Passion' in T.

" vv. 17111—23944 wieder in doppelkolumnen = bl. 114 *b*, col. 1, z. 34/8 + col. 2, z. 34/8—159 *a*, col. 2, z. 8.

" vv. 23945—24049 in 6 zeiliger schweifreimstrophe = bl. 159 *a*, col. 2, z. 8—159 *b*, col. 2.

" vv. 24050—24201 fehlen; da mitten in der strophe abgebrochen und mit dem endvers einer strophe angefangen wird, so ist 1 blatt hier verloren gegangen.

" vv. 24202—24968 = bl. 160 *a*, col. 1—165 *a*, col. 1, z. 6.

Es folgen die 'Additions' 1, 2, 3, 4, wie in C:

vv. 24973—25618 = bl. 165 *a*, col. 1, z. 7—169 *a*, col. 1, z. 12.

vv. 25619—25683 ('A Song of the Five Joys of our Lady,' in 5 zeiligen strophen, nur in dem Göttinger ms.) = bl. 169 *a*, col. 1, z. 13—169 *a*, z. 6 von unten.

vv. 25684—25766 (anfang von 'Addition' 5 in C.) = bl. 169 a,
z. 5 von unten bis 169 b, col. 2.

6. F = Fairfax MS. 14 in der Bodleian Library, Oxford. Es
ist ein folioband, der auf 103 pergamentblättern in doppelkolumnen
von ungefähr 50 zeilen in einer hand aus der 2. hälfte des 14. jahrhunderts beschrieben, mit vielfachen lücken, den *C. M.* enthält. Ursprünglich (vgl. Part V., 1 a) von gleichem umfange als C hat das
MS. jetzt etwa 6000 verse weniger als C.; selbst innerhalb seines
jetzigen bestandes zeigt es zahlreiche auslassungen von 2—10 versen,
wenn man es mit G oder C zusammenstellt, dafür aber auch viel-
fache kleine zusätze.

Nach einer gütigen mitteilung von Mr. W. H. Allnutt, Bodl. Libr.,
Oxford, findet sich die einzige beschreibung des ms. in dem alten
kataloge von 1697, in welchem es 'A Book of old English Poetry
drawn from the Scripture' genannt wird.

Nach Morris, Part V., 1 a ist der ganze inhalt des bandes in 90
kapitel eingeteilt. Statt kapitel 79 ist versehentlich 69 geschrieben,
so dass am ende die zahl LXXX steht.

Blatt 1 ist mit einigen lateinischen, englischen und französischen
versen angefüllt; unten sind von einer späteren hand verschiedene notizen
und namen hinzugefügt. Bl. 2 und 3 enthalten die inhaltsangabe, und
auf bl. 3 stehen ausserdem ein paar lateinische zeilen in einer hand
des 16. jahrhunderts.

C. M. vv. 1—9324 = bl. 4 a—51 b. [1]
  „   vv. 9325—11614 fehlen; ungefähr 11 blätter sind hier ver-
           loren gegangen, von denen eins herausgerissen zu
           sein scheint, so dass v. 11615 auf bl. 53 steht.
  „   vv. 11615—16226 = bl. 53 a—75 b.
  „   vv. 16227—18512 fehlen, so dass hier 11 blätter verloren
           gingen.
  „   vv. 18513—18894 = bl. 76 a—77 b.
  „   vv. 18895—19084 fehlen, so dass ungefähr 6 blätter hier
           verloren gingen. [2]
  „   vv. 19085—20248 = bl. 78 a—83 b.
  „   vv. 20249—20436 fehlen, so dass hier 1 bl. verloren ging.
  „   vv. 20437—24972 = bl. 84 a—107 b, z. 2.

[1] Im text des Fairfax ms. steht die angabe 'col. 1' oder 'col. 2' sehr selten.
[2] Morris' anmerkung auf p. 1082 unten scheint ein versehen zu sein.

Bemerkungen. In einzelnen zeilen sind buchstaben als fehlende ergänzt; ich führe diese stellen hier nicht an. vv. 11917—20, 11925—34, 11937—54, 12015—18 sind 'almost erased.' Bei vv. 24385—8 und vv. 24433—6 ist das ms. zerrissen, so dass der anfang resp. das ende von zeilen fehlt.

Auf den nächsten blättern folgen 'Additions' 1, 2, 3, 4, wie in C.

> vv. 24973—25618 = bl. 107 *b*, z. 3—110 *b*, col. 2, 41ste zeile von unten.

> vv. 25684—27899 (teil von 'Addition' 5) = bl. 110 *b*, 40ste zeile von unten—121 *b*. Bl. 121 *b*, unten, hat die stichwörter 'and it is.'

> vv. 25419—25683, nur in G, und vv. 27900—29547, nach C, fehlen von Add. 5, dann fehlt ein teil von 'Chapter LXXXX', das in 'Catoun litil' und 'Catoun mykil' eingeteilt ist.

Von *Cato's Morals* sind auf bl. 122 und 123 378 verse enthalten, von denen 280—8 verstümmelt sind. Nach v. 327 sind 9 zeilen, 1¹/₂ strophen abgerissen. Unterschrieben ist das ganze 'Stokynbrig scripsit istum librum Willelmo Kervour de Lancastre.'

Es folgen noch 2 leere blätter, die zum teil von verschiedenen händen bekritzelt sind; auf dem 2. blatte stehen einige lateinische gereimte sprichwörter, von einer hand aus dem 15. jahrhundert.

7. T = MS. R. 3. 8. in der bibliothek von Trinity College, Cambridge. Es ist ein folioband, der auf 142 pergamentblättern in doppelkolumnen (siehe unten die ausnahme) von je ungefähr 40 zeilen in einer handschrift aus dem 1. viertel des 15. jahrhunderts eine mit G verglichen fast vollständige, saubere abschrift des *Cursor Mundi* enthält.

Das ms. ist von einer späteren hand unterschrieben: John Digby. Was die handschrift anbetrifft, so teilte mir Dr. W. Aldis Wright, Trinity College, Cambridge, freundlichst mit dass sie der des Chaucer ms. im britischen museum, Harl. 7334, ähnlich ist.

> C. M. vv. 1—974 = bl. 1 *a*, col. 1—7 *a*, z. 10.
> „   vv. 975—988 fehlen, aber 'no gap.'
> „   vv. 989—14915 = bl. 7 *a*, col. 1, z. 11—92 *b*, z. 42.
> „   vv. 14916—33 fehlen, aber 'no gap.'
> „   vv. 14934—36 sind die überschrift für die 'Passion.'
> „   vv. 14937—16966 = bl. 92 *b*, z. 19 von unten—105 *a*, z. 10, und

C. M. vv. 16967 — 17008 am ende der 'Passion,' nach G, sind
ausgelassen, aber 'no gap.'

„ vv. 17009 — 17082 = bl. 105 a, z. 11 — 105 b, z. 5 sind in
einer kolumne quer über die seite geschrieben.

„ vv. 17083 — 17110 fehlen; 'no gap.'

„ vv. 17111 — 17270 (Discourse between Christ and Man) und

„ vv. 17271-88 (Beginning of 'Joseph of Arimathea,' nach G)
fehlen, 'no gap'; vor v. 17289 hat T eine eigene
überschrift: 'Of Joseph of Aramathi: To speke now
spede wol I'.

„ vv. 17289 — 21344 = bl. 105 b, col. 1, z 8 — 130 a, col. 1,
z. 24.

— „ vv. 21345 — 6, nach C, sind weder in G noch in T.

„ vv. 21347 — 846 (The Finding of the Holy Cross) fehlen;
'no gap.'[1]

„ vv. 21847 — 23892 und, mit selbständigem schluss,

„ vv. 23893 — 23898 = bl. 130 a, col. 1, z. 25 — 142 b, z. 8.

8. H = Herald's College MS., Arundel press, 57, in London.
Es ist ein folioband, dessen handschrift ungefähr der mitte des
15. jahrhunderts angehört und der auf 132 blättern in doppelkolumnen von je 40 zeilen beschrieben, mit v. 153 auf bl. 1 sign.
A. ii., col. 1 beginnt und auf bl. 132 b wie T mit dem v. 23898
schliesst.

H ist im text zur ausfüllung von lücken, besonders in F und
einmal in C benutzt; vgl. ausserdem die probe bei Morris, Part V.
am ende.

9. B = Bedford MS., in der stadtbibliothek zu Bedford. 'This
MS.', vgl. Part V., pag. 1164 unten, 'a paper one, bearing the date
1442 on one of the leaves' enthält auf 175 quartblättern in doppelkolumnen von je 30 zeilen eine mit T verglichen fast vollständige
abschrift des C. M. Es beginnt mit v. 1 und endet plötzlich, indem
es einen selbständigen schluss von 2 zeilen hinzufügt, mit v. 22004.

Miss L. Toulmin Smith war so gütig mir mitzuteilen: 'It goes
nearly as far as Trinity, but with some alterations and omissions. It
is, however, notable as containing instead of certain parts of Cursor, the
translation of Bonaventura's Meditations', vermutlich von Robert von
Brunne.

[1] Ebenfalls in H B L.

In der 'Edition' sind nur einige proben mitgeteilt.

10. L = Laud MS. 416, in der Bodleian Library, Oxford. Es ist ein folioband, der auf den blättern 61—181 *b* in doppelkolumnen von je ungefähr 45 zeilen eine mit T verglichen an mehreren stellen lückenhafte (es fehlen z. b. vv. 14782—14960, ebenso vv. 18683— 18990 [?]) abschrift des *C. M.* enthält. Die handschrift beginnt mit v. 1 und endigt wie T mit v. 23898.

Blatt 65 (old paging Cxvj), 'the only leaf left' (vgl. Morris, Part V., pag. 5) enthält ein calendarium de Cursor Mundi.

Nach einer freundlichen mitteilung von Mr. Allnutt ist Laud MS. 416 beschrieben in 'Mr. Coxe's catalogue as 'sec XV anno scilicet 1459 scriptus' and containing a metrical paraphrase of the ten commandments, a tretyce of the VII dedly synnys,[1] Cursor Mundi, a short tretyce by Vigesyus, the destruccion of Thebes the gouernaunce of kynggis and pryncis, of the assemble of the byrdis on Seint Volantins day.'

Im text ist das Laud ms. benutzt, um besonders die lücken von F auszufüllen. Ausserdem findet sich am ende von Part V. eine probe von 270 versen, die mit gleichen proben aus B und H zusammengestellt sind.

§ 1. Unter diesen 10 handschriften ist eine zusammengehörigkeit zunächst von C E (= x) gegenüber F G (= y) wohl zu erkennen. Der nachweis derselben wird dadurch erschwert dass sowohl E innerhalb seines bestandteiles von vv. 18989—24968 als auch F und G in diesem teile vielfach lücken zeigen. Wegen dieser mangelhaftigkeit des zu vergleichenden materials habe ich mir erlaubt auch da eine vergleichung zwischen x und y anzustellen wo nur G resp F von y vorhanden ist, und zwar nach dem grundsatz dass dies zulässig sein könne, wenn G resp. F die abweichungen von x der vorlage zu verdanken schien. Dass diese letztere art der beweisführung oft auf reiner hypothese beruht, wird zugegeben, indessen ist auch § 2 sofort zu vergleichen.

Bei der vergleichung darf nicht ausser acht gelassen werden dass alle mss. von verschiedenem alter sind und dass F obendrein dialektisch von G abweicht. Daher finden orthographische besonderheiten oder

---

[1] Cf. Part V., pag. 6 unten: 'The rest of the page (i. e. 65 *b*) is blank, the MS. not (?) being intended to contain any of the Additions in other MSS.'

ausdrücke, welche auf den dialekt[1] oder das alter der betreffenden handschrift zurückzuführen sind, für die feststellung des verwandtschaftsverhältnisses keine berücksichtigung.

1. Es sind dieselben fehler in C E (= x): F G (y)—

v. 20058, giuis tuenti x; fourti y.

v. 23373, in bodi suetnes (suecnes, E) and fairhede x; in bodi suiftnes and fairhede y. cf. v. 23381.

2. Es sind dieselben ausdrücke oder reime in C E—

(a) gegenüber y:

v. 19640, lere / x; here / y (cf. v. 19654).

v. 22633, þe erth þai sal do for to rift x; þe erd þan sal it do to rift y.

v. 23734, for-þi we agh be bun at bide x; for-þi we au ai him abide y.

v. 24305, wordes quone / x; wordis sone / y. cf. v. 24685, wo G 'quon' hat.

(b) gegenüber G (wo F fehlt):

vv. 19013—14, gan turne: murne x; gan tru: þai ru.

v. 23766, þe ture (E hat den fehler 'turne') x; þe land.

(c) gegenüber F (wo G fehlt):

x:	E:
vv. 21029-30 sted: bred (E hat 'bed' f. bred)	stede: rede.
vv. 24059-61 I moder murnand, wep cod þu	our ladi saide allas þis quile
þis soru seand apon Jesu?	wa worþ him þat wroȝt þis gile
min soru I ne can noht sai.	mi sone þus-gatis betray.
v. 24088 þat wroȝt me out of witte	þai ware wode out of witte.
v. 24092 Quen sli lett (sett, E) did him me forlete	was þer nane his bale to bete.
v. 24110 lune wald i spak, might me wit-stode	and þus my sorou mi speche wiþ-stode.
v. 24112 þar nagat es to gamen	me liste ful litil gammen.
v. 24157 Quat wise na force i-wiss	hit is na force I-wisse.
v. 24164 hu sal i liue wit-uten lijf	how salle I liue þis waful life.
v. 24184 sa heind was neuer child	and þou art my childe.
v. 24198 mi sun me reuis care sa crus (Cf. v. 14740 wo F 'crus' gebrauchte).	I haue na keper of my hous.

Es darf hier nicht verschwiegen werden dass eine vergleichung von x mit F allein am meisten auf hypothese beruht, da aus der

---

[1] Cf. v. 19648 smitte x, stime (blenke) y, oder v. 20932 of chesing fetil x, vessel of chesing, G.

späteren untersuchung zur genüge hervorgeht dass F ein grosses gefallen am verändern hat und offenbar noch andere vorlagen, die irgend ein thema aus dem so weit verbreiteten inhalt des *C. M.* zum gegenstande hatten, benutzte.

3. x hat einen zusatz gegenüber G (wo F fehlt).

vv. 19061—19064 sind nur in x. Diese zeilen enthalten nach meiner ansicht eine ziemlich naive einschiebung. Petrus und Johannes begegneten einem lahmen bettler. Dieser geht sie um eine gabe an. Petrus und Johannes antworten ihm:

> "Bihald on us," þai said "þou man."
> Qua sai, "behald on hus and se,
> And understand ur priuete,
> Als sua sai þou sal se ur wan
> For giftes ha we to þe nan."

Und nun heisst es in vv. 19061—19064:

> "He þan beheild, bot wel wend he
> þai suld him giue sum charite.
> Petre said til him onan,
> Gold ne siluer ha we nan."

Es ist freilich die möglichkeit nicht ausgeschlossen dass G wegen der gleichen versausgänge von v. 19060 und 19064 ein versehen begangen hat.

§ 2. Verstärkt wird dieser beweis durch den nachweis eines möglichen zusammengehens von F G gegenüber C:

1. wo C eine lücke, y aber einen selbständigen zusatz zu bieten scheint:

vv. 3429—30:

> Of seint John (þe, G) Baptist
> þat til man sende (schend, G) Ihesu Christ.

Diese zeilen sind für den zusammenhang nicht nur vollständig überflüssig, sondern erscheinen auch als eine ungeschickte einschiebung resp. erweiterung des vorhergehenden, wo nur von den frauen die rede ist, welche, nachdem Gott ihr gebet erhört hat, erst im alter fruchtbar werden. Zu beachten ist auch der mangelhafte rhythmus.

vv. 12733—8 scheinen, da y keine einzige zeichnung eines stammbaumes hat, als erklärung für die weggelassene zeichnung hinzugesetzt zu sein. In den zusammenhang von C, das vv. 12739—40 mit den worten schliesst:

> "Jesus bring us til þat ending
> þar godd lauerd es of all thing!"

passen sie schwerlich.

vv. 14932-33:

To louing of god and hali kirk
And to mannis note to wirk

erscheinen als müssiger zusatz, denn schon an den beiden vorher gehenden zeilen ist abgeschlossen:

vv. 14930-31:

þat i it rede wit sli louing
I mai it wel to ending bring.

2. Wo y lücken zeigt, C aber ursprünglich zu sein scheint:

vv. 2755-56:

Our lauerd said til Abraham:—
"Wenis þou i wil sua for-do man"

sind für den zusammenhang, nachdem Abraham vorher geredet, als übergang zur rede des Herrn durchaus nötig.

vv. 4143-44:

Ful fellik þai again answard,
"Quar-for suld we of oght be ferd?"

sind wegen der folgenden zeilen als rede der brüder nötig.

vv. 15431-32:

"And yee him sal haf at your will, if i mai rede"

sind als weitere versicherung des Judas wohl nötig. Die interpunktion im text führt den leser in der auffassung der stelle irre.

vv. 15439-40, wit suerd and ax and wepend wel, and als wit staf and stang (: strang) halte ich als schlussvers einer 4 zeiligen stanze für nötig.

vv. 21345-46:

þir four for us ai prai to dright
þat we mai folu þair lares sight

drängen sich sowohl des rhythmus als auch des inhalts wegen im vergleich zum vorhergehenden als nötige schlussverse auf.

3. Wo y fehler oder veränderungen zeigt und C ursprünglich ist:

vv. 3051-52:

y: Now gase he forth þat wil of wane   C: Now gas sco for (f. forth) þat wreche
Wandrande in wilderness allane.   allane
                                         Wandrand in wildernes hir an.

Wäre es möglich dass y seine vorlage misverstanden oder nicht verstanden hat? Ist es wirklich sonderbar dass der text von C nicht Paran f. hiran = 'hir an' hat? Aber gleichviel; dass C seine vorlage (= der von y) sollte geändert haben, ist ebenso fraglich. Ich halte die lesart von y für eine änderung des für xy gemeinschaftlichen originals. Wegen 'wil of wane' vgl. übrigens v. 980.

2

v. 3114:

G : to lere na gode giue þai na tent.   C : to lere o godd gif þai na tent.
F : to lere ne god men gynes nan entent.

Augenscheinlich müssen 'lere na' oder 'lere ne' zusammen-
geschrieben werden, um das verb 'to lerne' zu bilden.

Aus den 'Additions' cf. v. 25319: wit þat ilk sal yow be mett,
C, wo y 'þu' hat, obwohl in der vorhergehenden zeile y 'ȝe,' wie
C, hat.

Von geringer oder gar keiner beweiskraft sind in C:

(a) willkürliche zusätze wie vv. 1447-8, 2137-8, 2313-4, 7971-2,
12739-40, 13188-91, 13450-51, 15715-6, 15891-2, welche
überflüssige schlüsse oder reimangleichungen enthalten, unter
denen vv. 7971-2 und vv. 12739-40 ihren ursprung und
ihre verwendung leicht verraten.

(b) ausgelassene zeilen, wo y ursprünglich zu sein scheint:
vv. 5635-6 in y verlangt der zusammenhang. Die schwester
des Moses holt ihre mutter, der Pharaos tochter lohn für
gute verpflegung des knaben verspricht. Das erstere wird
nicht erwähnt, obwohl es in vv. 5637-8 heisst: 'taght it hir
to fede' und 'heȝt hir mede.'
vv. 9238-9 in y können wegen der reihenfolge in der genealogie Marias nicht entbehrt werden.

vv. 12872-3 in y

þe fader steuen þar thoru it brast
Right als it war a thonir blast.

sind für das verständnis der nachfolgenden zeilen nötig:

'þis is my sone, etc.'

Aus den 'Additions' cf. v. 25515, der in C versehentlich weg-
gelassen ist, da er der reimentsprechung wegen nötig ist.

(c) offenbare versehen:

C:	y:
v. 299 erth	hete
v. 524 men sen	men eyen
v. 2482 to seit his fee	to sette his see.

(Langes s ist in C mit f verwechselt.)

v. 3850 cald   tald
v. 4846 'es ur fader nam' ist 'wrongly repeated by the scribe' in C.
v. 5715 þar fare (cf. v. 2482)   þar sare
v. 7013 Manigath   Samgath (Samigath G).

Die richtige lesart ist 'Samgar.'

v. 7017 Sarach   Barach (Barath F)

v. 23738 Bot if we here ha made us   and if we here haue made na frende.
freind

(d) verschiedenheit des ausdruckes oder der reihenfolge der verse, wo y vorzuziehen ist:

C:	y:
v. 314 þat haldes stat	he haldes in state.
v. 413 and sette þam in haly palais	and sett ham in his hey pales.
v. 1009 þar neuer neghes nede ne night (nede — ne dai?)	þar euer es day widuten night G þar euer ys day and neuer niȝt F
v. 2527 deliuerd prisuns al, and loth	deliuered þaire prayes (— prey; paas G — faas?) al and lote.
v. 2758 fifty or fourte	forti or þritty.

vv. 16059-62 y sind in C in der reihenfolge 16061, 62, 59, 60.

v. 24381 to thirl þorn þin aun hert   þorou and þorou pin awen hert.

Es wäre leicht die meisten dieser stellen zu (c) zu stellen.

§ 3. Diese zusammengehörigkeit von C E gegenüber y kann nicht durch stellen getrennt werden, an denen durch fehler im ausdruck oder versehentliche lücken oder durch zusätze von C ein zusammengehen von E y : C stattfindet.

1. C hat fehler oder ist nicht ursprünglich:

C:	E y:
v. 19074 þou hame	þou lame.

Diese änderung (hame) wurde wohl durch die erinnerung an die bibelworte hervorgerufen.

v. 19185 bald	calde. In G ist das fehlende 'C' vom herausgeber mit [T] bezeichnet.
v. 19211 Till him said petre: þi wijf and þou (Der schreiber von C muss die vorhergehenden worte, die Ananias an sich selbst richtet, misverstanden haben.)	Till his wijf he (viz. Ananias) said: ic and þu, y Ic, he saide his wine, and þu, E
v. 19427 puruaid	proued.
v. 19452 eien	eren (erin, eres).
vv. 19717-8 be keped: thratte	beget: þratte.

'be keped' scheint verhört zu sein.

v. 21118 o leui cald & chosin & cald o crist	o leui cald and cosin of christ.
v. 22001 oiþer land of	of lawid or of religiun.
v. 22089 maidenhede	manhede.

'maidenhede' ist ohne belang; cf. vv. 24678 und 24683.

v. 22391 hight	light.
v. 22398 wit driten	wid dred.

'wit driten' erinnert an 'be-seeten' in der vorhergehenden zeile.

v. 22620 þat þou utewandre us suffers sua.	þat þu of fire us suffers sua.

2*

vv. 22726-7 E y sind in C umgestellt.

v. 23114 þe hall	þe help.
v. 23199 Alsua þe pine of hell pine	alsua þe pitte of helle pine.
v. 23704 þe werld þat es ai lastand	þat (or — our) lauerd þat es ai lastand.

Der schreiber hat sich wohl verhört und infolge der schlussworte sich vielleicht jener allbekannten worte 'world without end' erinnert?!

v. 23964 schain (=sclain?) cf. v. 14431.	slain.
v. 24056 þar born	þar droch.
v. 24540 in sterin stanging	unsterin stakid (staking).
vv. 24650-1 hale of light: sight	of hight: sight.
Wegen 'light' cf. v. 24647.	
v. 24670 na mai certes nan	nai, nai! certis nane.
	E hat 'nan nai,' und F 'and ellis certan nane.'
vv. 24683/4 maiden-hede es less: angels.	is lele: angele.
v. 24722 creand	I þe biseke ur errand be.
v. 24890 won	von (vow).
v. 24891 con	don (do).
v. 24913 to knau þat dai	to knau, he said.

2. C hat gegenüber E y aus versehen lücken:

> vv. 19422-3 sind für den zusammenhang nötig, aber in E,
> vv. 19421-4, ist eine andere reihenfolge als in y.

> vv. 19971-2, 23961, 23842, 23851, von denen die letzten beiden wegen der reimentsprechung nötig sind, fehlen ebenfalls in C. Ausserdem cf. v. 24104, wo C 'a word', und v. 24342, wo C 'satt' ausgelassen hat.

3. C hat zusätze:

> vv. 19279-80 sind eine erweiterung des vorhergehenden.

> vv. 20819-20 schliessen den vorhergehenden gedanken; F hat hier einen anderen zusatz.

Dieser paragraph scheint mir klar zu beweisen dass, ganz abgesehen davon dass E wegen seiner vielfach älteren orthographie älter als C zu sein scheint (vgl. formen wie 'gie, giu, giur, giuor, hauid, hauis, ande, gia, giet'), E nicht von C abhängig ist und wir in C kein original sehen dürfen.

§ 4. Ein häufiges zusammengehen von C y: E kann bei der fehlerhaften überlieferung von E nicht auffallen. Nicht berücksichtigt wird die lücke nach v. 20149, wo 'four leaves are lost,' ebensowenig die verstümmlung der blätter 44 und 45.

1. E hat : C y offenbare versehen oder ist nicht ursprünglich:

E:	C y:
vv. 19039—49 ilke dai: þoȝte	it broght: thoght.

Der schreiber geriet in eine falsche zeile, cf. v. 19041.

v. 19106 niʒte	might
v. 19203 he	hete
v. 19330 hiʒte	might
v. 19356 & gremli on þair corsis dang	& scurged sare, þai let þam gang.

vv. 19365-6:

And archidenis þai þaim made	And athes þai þam made
O þaim þare-of þai toke þe hade	O þam þar-of þai tok þe lade.
vv. 19407-8 wiþ: hiʒte	wiþ: kyth.

vv. 19695-8 in C y sind in E zu zweien zusammengezogen:

to christen men some wa he cuþe
in sinagoge spel biguþe (wegen 'biguþe' cf. v. 24580).

v. 19752 aʒte gier	senen ʒeire.
v. 19947 aske	all
v. 19948 lake	lau (lagh)

(Ist 'lake' dialektisch?)

v. 19965 he	we
v. 20049 perile	peris
v. 20825 tuenti gier	þritti ʒere
v. 21131 lenedis broþir	lauerd broþer.
v. 21134 halines and hiʒte	halines and light.
v. 21634 de grant vertu	o gret vertu.
v. 21754 o vi	o senen.
v. 21918 sald	v. 21916 tald.
v. 22029 bereme & baer bald	breme and bald
v. 22432 þrau.	sothsau, F hat des reims wegen geändert.
v. 22478 faadli.	saddli (radli, F). ('radli' ist die richtige lesart, also die gewöhnliche verwechselung der anfangsbuchstaben.)
v. 22492 and þar of wil we neuir blin	& als we wonden war þam in (þer in)
v. 22525 to the erth	right unto þe air

E's lesart ist eine verbesserung, welche auch T gefunden hat.

v. 22534 þe wallis. touris, þe felles to falle	þe dals up-rise, þe fells dun fell
vv. 22551-2 quak: quak	quak: scak
v. 22664 sal kerel	sal knele.
v. 22698 þai sal habide	þai sal þam hide.
v. 22832 norising	uprising
v. 23046 arlik	anerli
vv. 23091-2 rest: rest	rest: gest
vv. 23149-50 weld: in elde	on bred: in lede.
v. 23153 schilke	slik /
v. 23180 fra wake	fra wrak
vv. 23209-10 hate: hate	hatte: wate.
v. 23259 al þair lim es	al þair limes ar
v. 23279-80 hete: hite	hete: ete.
v. 23377 strensip	frenscip
v. 23386 him bem	his ('hir' ist die richtige lesart von G) lem. vv. 22385-6 fehlen in F.
v. 23749 to filhtis fus	to filthes fus.
v. 23762 þaim haf	þai haf
v. 23765 eie	eth (vv. 23765-6 fehlen in F)
v. 24012 his mane	hir mane.

v. 24024 swaipe /	snaipe /
v. 24031 we folud him þaim	we folud þam
v. 24032 I staker	I stakerd
v. 24106 it brastin	it brast in
v. 24145: 48 dey: end	wend: end (vv. 24050 — 24201 fehlen in G).
v. 24534 and ein and chek	and eien eke
v. 24764 rais /	sais (langes s wieder mit r verwechselt)
vv. 24789-90 her & tar: he & tar	here & þare: euer ai quar
v. 24836 abute	aboue
v. 24852 perlir ar	perel mare
v. 24928 sai ye	sal be
v. 24965 him	hir.

2. E stellt folgende verse um:

vv. 19577-8, 19739-40, 19855-6, 22689-90 (nur die reimworte 'il', 'gril' sind in E umgekehrt, 22795-6, 22866 = 22865, aber v. 22865 ist nicht = v. 22866, der in E verschieden ist 23324-5.

3. E zeigt folgende lücken:

vv. 19226 ('inserted in a different hand'), 19735-6, 19865-6, 20843-4, 20846-8, 21702, 22107-10, 22651-2, 22992-3, 23719-20, 23743-4, 24351, 24931-4.

Ein wort fehlt in vv. 19543, 'þam' nach 'for', 19555 'ay' /, 19812 'radd', 23125 'demd', 24137 'pay'.

4. E hat folgende zusätze:

Zwischen v. 20834 und v. 20835 hat E zwei andere:

'and ten mone & dais seuin
Qua wel can caste sal finde it euin,

eingeschoben, die ihres inhalts wegen überflüssig sind, und vv. 21916-7, welche in C y fehlen:

'alle sal we dei, baþe ginge and alde,
Es nan hauis of him seluin walde,'

sind wenigstens nicht notwendig.

Hierdurch, meine ich, wird bewiesen dass E nicht ein fragment des originals und nicht die quelle von C y sein kann.

§ 5. Ein zuweilen vorkommendes zusammengehen von x G mit F darf kein wunder nehmen.

1. F hat viele versehen oder ändert:

F:	x G:
v. 20845 xxi	fourteen ȝere.
v. 23970 synnis	finis
v. 24214 I note quidde to wende	ne wit þe sal weind

vv. 24215-7 þen sais þe clerk þat made þis boke	Sin suilk it war þi cares kidd
lauedi for þe soron þou toke a þing þou me neiuen	þou dreied dule, leuedi? þou did ful god it was þin euen.
v. 24220 quen he herde þi steiuen	if him stode ani steuen
vv. 24029-30 sling: zinge	steng: zeng

vv. 24224-5 und vv. 24227-8 sind in F umgekehrt.

v. 24226 tel me quat hit is	wit-uten ani mis
v. 24311 our lauedi & John þat I of mene	þir martirs tuin þat i of mene
v. 24314 full stille he spac al sulde nozt here	Sa waik þat vnethes most þai here
vv. 24323-5 our lauedi saide quat vs is wa	Vr spirit was als fled us fra
childer ho saide haue I na ma mi hert na-þing is paide	For we ne wist o naþing bot wa þof we herd quat he said
vv. 24329-30 þe penaunce þat we on him seye	Als suith þar com a nord
muzt na creature hit dreye	Fra þe croice o crist suord
v. 24358 myself I muzt nozt welde	and hyed me til held.
vv. 24470-2 þi bodi is wanne as þou ware dede	þi saul es molten al to ded
quere is þi faire blode was rede	þi face es wan as ros vnrede
and in þi bodi graide	Als forwit þat he was said C G, fehlt in E.
v. 24593 I for 'it.'	
vv. 24595-6 bot forþ ho lete him lede & þus shortli wiþ-outen mare	Als freindes bath and fede Quat did yee þan, leuedi sai mar?
vv. 24677-8 dide: maydenhede	madd: maiden-hed.
vv. 24871-2 to ihesu crist þai lift þair hande	Apon þair brestes fast þai beft
þaire sinful praier to understand	Al in god self þai þam bileft
vv. 24967-8 þe quilk seruise I rede we neyuen	sco dos us her to serue hir sua
þat we come to þe joy of heyuen (welchen 4 schlusszeilen folgen.)	þat we be wit hir euer & A. Amen.

2. F hat folgende lücken: x G:

vv. 19277-8, 29931-2, 24587-92 (eine strophe), 24839-40 (cf. vv. 24871-2, wo der schreiber ebenfalls 'beft' vermieden hat).

3. F hat folgende Zusätze: x G:

vv. 20897-900, cf. über Simon Magus vv. 20899-900:

qua wille haue mare of þis matere
rede þe legende and ze mai here.

vv. 20919-20, 20922-23 Petrus ist in Rom begraben:

þer now a faire mynster dos stande
suche a-noþer is in na lande.

vv. 21007-8, 21889-90, 22939-40, 23033-4, 23941-2, 24873-4, 24969-72, welche alle nicht ursprünglich sind.

Aus diesem paragraph ergiebt sich leicht dass F nicht die quelle von G oder gar von x sein kann und sich als die jüngste handschrift unter x y vom original am weitesten entfernt.

§ 6. Das in § 5 gefundene resultat wird durch einen vergleich von F mit C oder C G bekräftigt:

1. F hat fehler oder ändert:

vv. 31-34 sind in dieser reihenfolge: 33, 34, 31, 32.

F: v. 94 rimes lyte C G: rimes fele (mani).

vv. 113-14 sind umgestellt und ein wenig verändert.

vv. 223-4 now I will be-gynne in dede	schortly rimand on þe dede (renand G)
Ihesu leue me wele to spede	for mani er þai her-of to spede (ar þar for G)
v. 226 to wyte how he first began	to knaw him self how he began.
v. 272 for mirþ he merkis mon to mede	þat mirþes mettes (settes)
v. 322 tyte	bath
v. 378 craftely wroʒt wit myche wonder	in þese he sounded al wit wonder
vv. 413-14 pales: sese	palais: unpais.
v. 574 miʒtful lorde in trinite	wit nankyn creature mai be
vv. 585-6 as I you talde: riʒt as ihesus	o mans eild: als he moght welle him
christ walde	self weild
v. 628 al was wrath þat er was blithe	alle blurdid (lourid þan) þat was forwit
	(ar) bliþe
v. 927 þou sal wen þi life ys gane	bituix & þou again began
v. 1008 wit joy & blis & mirþis best	wit blis & beild (bote G) broiden best
	(cf. über 'beild' v. 23653 in G).
v. 1255 þe gresse ys falow on þe grene	foluand thoru þat gresse gren
v. 1517 stoer of fe he dalt wiþ	was first loger, and fee delt wit
v. 1609 quen he hanged on rode tree	for his choslinges on rod-tre.
vv. 1844-5 sind in F umgestellt.	
v. 2264 & neuer an wiste quat oþer ment	als þai had sare þar fra ben beft C
(cf. über 'beft' — vv. 24871 & 24840 in C).	& went away, sua sais þe bok G
vv. 2275-6 sind in F umgekehrt.	
vv. 2375-6 wysse: blisse	blisse: misse
vv. 2447-8 sprede: brede	sprede: knede C, sprede, nedede G
vv. 2463-4 take: forsake	left: left
vv. 2467-8 a lefe to se: sa faire to se	a leue (faire) cuntre: ful fair to se.
v. 2576 & thonked our lorde, I wyte	ur lauerd to serue forgat he noght (was
him noght	all his thoght G, die vorhergehende
	zeile endet in 'forgat he noght').
vv. 2681-2 do him out of ʒour company	for-qui þe werk of circumcising
& lete him stande to his foly.	Bern in itself gret for-biseying.
v. 2697 xiij	thritti
vv. 2718-9 and sayde þai hardly soþ to Myn	þan said þat lauerd 'i wil yow min
at salt gaine come if I haue	At mi gain-com, if i haue lijf.
life	
vv. 2783-4 þe þenes þat him be niʒt come	þe gestes him com wit nighter tale
for-til bringe ham til þaire	for-soth, þai said, knaw tham we sale
dome	

vv. 3055-7 sind in F in dieser reihenfolge: 3056, 3057, 3055.

v. 3077 & he þat xij ʒere war gane	for quen he throded (was waxyn) to yoman (man)
vv. 3105-6 haben in F umgekehrten verschluss.	
v. 3426 I mai noʒt telle ʒet of þa	Rebecca, Rachel & Anna alsua.
v. 3809 hat in F indirekte rede, und v. 3810 hat den fehler 'me'.	direkte rede.
v. 4962 als wisely as wrange ys on us broʒt	on (in) oþer helpe yeit hope (ne trast) i noght

v. 5009 ist verändert und hat indirekte rede, während in C G die direkte rede steht.

vv. 5387-8 haben einen entgegengesetzten sinn, so dass F des richtigen verständnisses wegen noch vv. 5389-90 hinzufügt.

v. 5406 ändert F, so dass der sinn einfacher wird.

F hat abweichenden ausdruck ferner in vv. 5511, 5517 (: C und G), 5539, 5656 (im versschluss), 5763, 5789-90, 5792 (im versschl.), 5802, 5852, 5867, 5893 (þai F, he C G), 6001-2 (im versschl.), 6026, 6091, 6103, 6200, 6386, 6524, 6568, 6608, 6639, 7114 und 7272 (dem sinne nach), 7304 (im versschl.), 7332, 7630, 7858 (im versschl.), 7917, 8152 (G T haben versehen), 8600, 9018 (ausserdem das versehen 'ham' statt 'hir'), 9026, 9091 (strife f. scrift, ebenso in v. 9094), 9095-6 ('his eyen .. shent he' statt 'his sin sceud he', C G), 12008-10 12136 (VII F, fiue C G), 12634-6, 12730, 12860-1, 13118-21 (gekürzt), 13186-7 (: C), 13446-51, 13507, 13779 (28 ʒere F, 38 ʒere C G), 13794, 13806-9 (dem sinne nach), 13836-7, 14004, 14119, 14166 (: G), 14287, 14359, 14647, 14655, 15096, 15740, 15811-2, 15838, 18552, 18563, 18652, 19145-6 (auch im versschl.), 19153 (sone f. fader), 19619-20, 19674, 19864, 20042, 20050, 20533-4, 20824, 20847, 20985-6, 21315, 21593-4, 21891, 21911, 21924, 23383 (: C und G), 23940, 24096 (: C), 24311, 24358, 24814, 24871-2.

Aus den 'Additions' cf. vv. 25301 (first f. fifth), 25366, 26762-3, 27671, 27830-1.

F stellt noch folgende verse um: 5569-70, 5585-6, 6482-3, 8469-70, 13448-9 C G = 13444-5 F., so dass vv. 13444-5 in C G in F fehlen, 13988-9, 14210-1, 14415-6, 14470-1, 14726-7, 20945-6, 21077-8, C G = 21075-6 F, aber vv. 21075-6 C G sind verschieden von vv. 21077-8 F, 21579-80, 21923-5.

Aus den 'Additions' cf. vv. 26714-5, 27302-3, 27598-9.

2. F zeigt folgende auslassungen: C G oder G. Ich nenne zunächst die bedeutungsvollsten:

v. 316, vv. 3807-8 (vgl. die nachfolgenden wörter 'him' und 'me'), vv. 6195-8 scheinen einen natürlichen abschluss zu enthalten; vv. 6383-4 sind eine ungeswungene erklärung des vorhergehenden; vv. 13444-5 enthalten eine vergleichung, welche erst gemacht werden musste, um sagen zu können: 'pat was neuer fowel sagles (f. sa gleg) of eye'; v. 1597 $^{5}/_{6}$ ist als reimentsprechung zu v. 1597$^{3}/_{4}$ nötig; vv. 21841-2 vgl. mit dem vorhergehenden und nachfolgenden; vv. 22513-4 · bilden den nachsatz zu dem vordersatze in vv. 22511-2; vv. 24587-92 sind eine ganze strophe, die der zusammenhang erfordert.

Es fehlen ferner oder sind unvollständig vv. 135-6, 547-8, 575-6, 781-2, 795-6, 937-42, 1067-8, 1143-4, 1235-6, 1385-6, 1475-6, 1577-8, 1597-8, 1625-6, 1705-6, 1797-8, 1801-2, 1823-4, 1865-6, 1917-20, 1999-2000, 2175-6, 2353-4, 2373-4, 2443-4, 2651-2, 2753-4, 3033-46, 3111-2, 3137-8, 3755-6, 3851-2, 4075-6, 4138 (unvollständig), 4190 (unvollst.), 4295-6 (unvollst.), 5333-4, 5365-6, 5551-2, 5781-2, 6121-2, 6181-2, 6289-90, 6425-30, 6527-8, 6566-7, 6673-6, 6687-92, 6713-4, 6733 ('ox' fehlt), 6837-8, 6977-8, 7091-2, 8105-6, 8377 (unvollst.), 8383-4, 9141-2, 9191-4, 9325-11614, 11617,8, 11653-6, 11916 (unvollst.), 11917-20, 11924 (unvollst.), 11925-6, 11937-54 ('illegible and almost erased'), 11959-62, 12015-28 ('partly erased'), 12031-2, 12575-6, 12579-80, 12675-6 (auch in T L), 12687-8, 12739-51 (: G), 13174-5, 13336-7, 13620-3, 13712-3, 13948-9, 14360-1, 14506-7, 14718-21 und 14928-9 (: G), 15009-10 (dafür sind neu vv. 15015-6), 16199-200, 16227-18512, 18895-19082, 19083-4, 19093-4, 19155-8, 19191-6, 19277-8, 20249-436, 20733-4 (: G), 20975-6, 20983-4, 21095-6, 21559-60, 21821-2, 21997-8, 22425-6, 22443-8, 22577-8, 23275·8, 23385-6, 23765-6, 23861-2, 23931-2, 24433-6 ('torn'), 24460 (unvollst.), 24839-40.

Aus den 'Additions' cf. vv. 25451-3 (: C G); gegen C: vv. 26250-1, 26394-7, 27080-1 (zusatz), 27230-1, 27234-5, 27420-1, 27471-2, 27574-9, 27658-9.

3. F hat folgende zusätze gegenüber C G resp. G oder C. Ich nenne zunächst die bedeutungsvollsten:

vv. 5389-90 sind wegen des vorhergehenden misverständnisses hinzugefügt; vv. 6401—2 enthalten einen allgemeinen abschliessenden gedanken, welcher sich auch durch mangelhaften rhythmus verrät, und vv. 8641-2 eine allgemeine sentenz; vv. 9273-4 wiederholen inhaltlich vv. 9271-2; vv. 11651-2 und vv. 11761-2 sind mit dem vorhergehenden zu vergleichen; vv. 11907-10 verraten sich durch den inhalt: 'mony selcouth — I haue no tome ham to mouþ' als müssigem schlusszusatz; vv. 12649-52 sind ebenfalls nutzlos; vv. 12860-1 verraten sich durch ihren inhalt, ausserdem ist 'þen me' dem modernen engländer sehr auffällig; vv. 13864-5: 'þat heled of his sare — I talde ȝou how lange are' sind wegen des versbaues bemerkenswert; vv. 14160-1 verraten sich durch inhalt und rhythmus; vv. 19617-20 stehen für vv. 19619-20 C G, F vermischt die Worte der bibel mit denen der vorlage, so dass der gedanke doppelt ausgedrückt ist; vv. 19743-6 sind nutzlos; vv. 19817-8 verraten sich durch den inhalt und durch den rhythmus von v. 19817; vv. 20897-900 beweisen dass der schreiber von F in den legenden bewandert ist; vv. 20923-4 und vv. 22457-8 müssen auf den inhalt und rhythmus hin angesehen werden; cf. v. 22457, wo der schreiber: 'wiþ-in þe spácë óf a mýle' lesen zu wollen scheint.

Ausserdem vergleiche vv. 521-2, 2277-8, 3409-10, 4663-4, 4682-3, 4897-8, 5981-2, 7137-44, 7273-6, 8609-12, 11993-4, 12438-9, 12485-6, 13110-1, 13185-6 (: G), 13386-7, 13446-51 (denn vv. 13448-9 C G sind = 13444-5), 13617 (: G), 13838-9, 13918-9, 14116-7, 14371-2 (: G), 14382-3, 14468-9, 14520-1, 14524-5, 14724-5, 14924-5, 15015-6 (denn vv. 15009-10 C G fehlen), 16191-4, 19137-8, 19163-72, 19235-6, 19461-2, 19627-32, 19635-6, 20555-6, 20845-6, 20919-20, 21007-8, 21029-30 (: G), 21113-6, 21467-8, 21595-6, 21889-90, 22857-8 (: C), 22939-40, 23033-4, 23169-74, 23739-40 (: G), 23941-2, 24873-4, 24969-72.

Aus den 'Additions' cf. vv. 25349-54 (: C G); gegenüber C: vv. 25786-9, 26144-5, 26354-5, 26438-9, 26586-7, 26636-7, 26802-3, 26890-1, 26998-9, 27128-9, 27140-3, 27256-7, 27268-9, 27547-8, 27664-5.

Der schreiber von F ändert nicht nur seinem dialekte zu gefallen oder weil seine sprache jünger ist, sondern er findet offenbar ein vergnügen daran manches einfacher auszudrücken, zu kürzen, mit vielfach anderswoher genommenen zusätzen zu erweitern oder kürzen des ausdrucks verständlicher zu machen. Bei solchem verfahren laufen ihm nicht selten fehler unter, in denen wir die vorlage wieder erkennen, z. b. in vv. 3807-8, 5387-8. Die art und weise der kürzung sieht man am besten z. b. in v. 1867, wo der anfang aus v. 1865 (vv. 1865-6 fehlen) genommen ist. Die zusätze bestehen meistens aus allgemeinen wendungen, die am schlusse eines gedankens oder kleineren abschnittes angebracht werden. Dass F absichtlich kürzen will, geht z. b. aus vv. 13120-1 hervor, worauf vv. 13122-9 fehlen. Vergleichen wir nun noch offenbare versehen wie vv. 2697, 13779, 19153, 25301 etc., oder lücken wie v. 316, so geht aus der zusammenstellung, deren vollständigkeit für die beurteilung des wertes von F nötig war, mit bestimmtheit hervor dass wir in F keine vorlage für xG und bei seiner sonstigen wortgetreuen übereinstimmung mit G und C (vgl. § 9) keine version eines mittelländischen oder gar südlichen originals sehen dürfen.

§ 7. Zur vervollständigung der vergleichung konstatire ich noch ein zusammengehen von xF : G. Diese verschiedenheiten zwischen G und F beruhen bei dem konservativen charakter G's auf ganz unerheblichen änderungen und grösstenteils auf fehlern von G.

1. Fehler und lücken von G : x F:

G:	x F:
v. 19345 lithed on	lifted on
v. 20111 muntes	nunnes
v. 20813 'loke' fehlt in G, cf. he mai noght loke tilward hir light.	
v. 21072 spelland (auch in T)	slepand
vv. 22789-90 fehlen in G (und T), ebenso vv. 23739-40.	
v. 23764 flight	fight.
v. 23950 in x F steht in G nach v. 23947, und v. 23956 in x F steht in G nach v. 23953.	
v. 24020 drei dome	dreri dom.
vv. 24050-201 fehlen in G.	

2. Änderungen:

vv. 19919-20 Quen he of his comming understode	Quen þai o petre understod
Sone he ras & gain þaim him ʒode (T)	His cuming son gain him þai yod.
v. 20829 fourti dais in erd he badd (T)	forti dais & siþen he bad
v. 21901 þe warnes noght (T)	ne scurnis
v. 22556 best / (T)	nest /
v. 22793 lim & lijf (T)	ha pith & lijf
v. 23184 samen quiles þai to-gider ware	þai wroght ar þai tuined war.
v. 24034 to bote	of bote.

Diese stellen beweisen schon dass G kein original ist und auch nicht die quelle von F oder x sein kann. Zugleich enthält der paragraph einen wink für den späteren gang der untersuchung, nämlich dass ich G mit T zusammenstelle.

§ 8. Ein zusammengehen von C F : E G geht über reine äusserlichkeiten nicht hinaus. Cf. v. 19113 prophetis C F, prophecies E G; oder v. 24658 wit saand of þi succur C F, wid fand of þi socur. In C und F ist f mit langem s verwechselt; der sinn v. 24658 ist: 'Er

(Jesus) hat dich (Maria) immer unterstützt, er wird dich~~trösten,~~ ~~wenn~~ du zu ihm kommst. Dann wird er dir ganz zu willen sein. Leite du uns auch in seine gemeinschaft, probire deine hilfe oder versuche es nur mit deiner hilfe'.

Ebensowenig verdächtig erscheint das zusammengehen von CG: EF in vv. 23809-10, wo E F die verse umgestellt haben; es sollte vielleicht die unmittelbare wiederholung von 'sorful time' in vv. 23808 und 23809 vermieden werden; denn in C G heisst es vv. 23808-10:

> In sorful time þan war we wroght
> A sorful time til vr be-houe,
> Bot godd for-bede þat we it proue.

Auch ein zusammengehen von E und F: C und G, bietet nichts nennenswertes:

Cf. v. 19407 vp þer ras to striue him wiþ   C: up þar ras to spute him wiþ
                                          G: up þer ras a strijf him wiþ

oder von E und G: C und F:

Cf. v. 19080, scop E G, scep C, fehlt in F. Es bedeutet 'skippe', wie in T, so dass das nördliche, 'scop' ganz richtig ist. (Cf. v. 3135 und die anmerkung auf pag. 30.)

v. 21056, puisund (pussund) G E, prusund C, poysoned F; puisund = poisoned.

v. 22093, stiglid E G, titeld C, licande F, stiglid = styled.

v. 23207, ix paines E G; viij C, mani harde F.

v. 24646, in langurs (in lagins) G E, I languis C, ganz verschieden in F.

Nach diesen untersuchungen nehme ich an dass F mit G aus der nördlichen version (y) stammt, die mit rücksicht auf das hohe alter von F G aus der ursprünglichen handschrift (O) direkt geflossen sein kann. Aus dieser selben quelle O stammt x, das mit y so vieles gemein hat, und aus x fliessen E und C gesondert.

§ 9. Unter den übrigen handschriften ziehe ich zunächst die relativ vollständigste, nämlich T, heran, welche G am nächsten zu stehen scheint (vgl. § 7). Beider zusammengehen (ohne rücksicht auf ihren verschiedenen dialekt) beweise ich durch ihre gegenüberstellung zu C F und E, soweit es möglich ist.

1. G T teilen gleiche veränderungen und fehler im ausdruck und inhalt: C oder C F oder C und F:

G T:	C F:
vv. 17-18 O tristrem, and ysoude þe suete,	of tristrem & hys leif ysote
Hu þai wid luffe first gan mete	how he for here become a sote
v. 19 Ionet (Ion)	Ionek.
vv. 75-76 treu & lele: to manes lele	lele in like: hony of bike
v. 82 neuer wan (won)	neuer gau
v. 101 ledes (peples) (auch L B) (sic!)	of leuedis alle
v. 102 meke & mild	mild & mek.
v. 118 hu cristes (us) bote bigan to brewe	how crist brith began to brewe
v. 120 sothli of hir testament	brefly (shortli) o aiþere testament
v. 188 28 ȝere	3ȝ ȝere
vv. 193-4 of lazar þat ded lay unter stan	o lazar ded laid under lam
hou iesu him raysed in fless &	how iesu raised his licam
ban	
v. 196 preching þai him thrett	sermon þrali thrett
vv. 221-2 rawe: schawe	raw: daw
v. 246 prechid (sic!)	praised
v. 307 þu understand so	þou underta
v. 316 þat þai noght turne to soru & care	þat þai ne worth to noght als þai war
	ar (fehlt in F)
v. 332 ouer all oþer he is prines (prince,	fra al oþer, sundri & sore
T) widuten pere	
v. 347 to be sett (sic!)	seit (siþen) for to be
v. 449 lightli	hetlik
vv. 519-20 his here of fir	his hete (f. hed — head) of fir
v 635 naked war þai bath tway	baþ war naked þar licam

vv. 893-8 sind in G T in dieser reihenfolge: 894, 3, 5, 6, 8, 7.

v. 1031 soun of toulis þere singeth	sune of santes (santes)

vv. 1067-8 sind in G T umgestellt, fehlen in F.

v. 1240 made	sad
v. 1626 of noe kiu	adam kin (vv. 1625-6 fehlen in F.)
vv. 1648-9 of pine is non funden quite	unnes es ani funden quite
v. 2144 o þis same kind	o þis sem (semys) string ('Shem' ist gemeint.)

Ebenfalls sind vv. 2219-20 und vv. 2249-50 in G T umgestellt.

v. 2264 & went away, sua sais þe boke	ganz anders in C und in F.
vv. 2407-8 for þu art fair, quen þai þe se	Quen þai þe see for þi fairhede
wid niht þai suld þe take fra me	to reue me þe . . þan sal þai wede
	. . þat God forbede
vv. 2457-8 þen said Abraham wid wordes	þen said abraham þat was no sot
hend	
"Loth, mi neuow & mi (dere)	formast til his neueu loth
frend	
vv. 2575-6 haben umgestellte versschlüssel	
vv. 3065 lede him ȝender & haue in minde	þou lede him yonder er yon blind (ar to
	blind) (f. 'lind')
v. 3067 & a tre wid frouit ful gode	on þat tre hinges frut ful gode
v. 3116 foli is gouyn to man to day G	to foli giues him man to dai C
foli is gomen (sic!) now a day T	fole hede ys giuen al men to pay F
v. 3135 spille: wille	cole [1](= to kill): þole

---

[1] Cole: scop (v. 19060) = quelle(n): scep = kill: scip (cf. an. sb.: kaul, kol, köl, kvöl, vb. kvelja, und vb. 'skoppa' oder 'skopa'). Stratmann (cf. Dictionary)

vv. 3547-8 sind umgestellt, aber v. 3548 F ist von C verschieden und stimmt mit G überein!

vv. 3948-52 sind in G T in dieser reihenfolge: 3948, 51, 52, 49, 50.

vv. 5051-2 sind umgestellt, in v. 5052 in G ist irrtümlich 'bodi' statt 'blod', so dass T 'bodi' vermieden und den gedanken verallgemeinert hat.

v. 5056 sexti sith & mar	fourti sithes & mare C
	ham (sic!) wiþouten mare F (cf. v. 5055)
vv. 5119-20 haben 'him'	þam
vv. 5143-4 bigod sua dere: na knightes pere (fere)	eber (foule) pantener: ne er þai noght o þat mister
v. 5313 his berd was side wid mekil har	(wit) hare (= canus)
v. 5321 zeigt in G & T ein nutzloses 'him.'	
v. 5356 I had of him his (mi) broder benisun	I had his brad beniscun
v. 5376 widuten end /	wit-outen male /
v. 5677 bad alsua	bad als faa
v. 6077 on ilka post, on ilk derner	on aiþer (airer) post þaire (þer) hus to smer
v. 6078 a sine o tau T ('o thayu' in T) make ze þere	a takin o tav on þair derner C
	in takenyng of þinges at wald dere F
v. 6125 wretherale ras	on nightertale ras
vv. 6289-90 and sua mot he diliuere us ur dere lauerd, suete iesus	sua mot he do þat hei drightin
	us alsua fra ur wiþerwin C (fehlt in F)
vv. 6639-40 handis: widstandis	dright: maledight C, fayne: slaine F
vv. 7023-4 sind umgestellt.	
v. 7120 undo him (f. þam) G, so dass T 'unto him' (sic!) hat.	a redli þam undo he bad
v. 7639 folk of heden lede	folk þat þar fede
v. 8150 þat sekenes on him was þar nan sene	þat he was hale sume ani trote
v. 8197 þan on þe morn quen þai suld lem G. 'þai' ist ein irtum für 'dai,' so dass T mit geringerveränderung 'þei' gebraucht: 'on þe morne whenne þei shul so,' und in der nächsten zeile lesen wir 'go,' während in G das verbum zu v. 8197 erst in v. 8199 t eht.	þan on þe morne quen dai sult leme.
v. 9014 scho bringes him to confusion	he es forcasten als crachon C
	he ys umbelaide wiþ tresoun F
v. 9194 fourti hundrid zere & mare	fourten hundret zeir & mare C (fehlt in F)
v. 13506 fisses tua & fiue laues of bred	tua fisches & fiue laues of bere C
	ij fisshis & v barly lauis F
v. 19407 a strijf	to striue E F, to spute C
vv. 21142-3 sind umgestellt.	
v. 23206 ix paines	viij paines C, mani F

hätte 'cole', das er nicht unterzubringen weiss, zu 'cullen' stellen sollen. das natürlich nicht aus 'cole', sondern aus 'quellen' entstanden ist. Cf. Ten Brink, Chaucer's Sprache p. 106, § 175: "skippen (woher?)".

2. G T haben gemeinschaftliche lücken und zusätze:

Es fehlen in G T:

vv. 975—989: Adam erbietet sich die hälfte oder ein drittel dem Herrn (i. e. der Kirche) zu opfern; nun ist der gedanke weggelassen dass der Herr mit einem zehnten zufrieden sein will. Beruht die auslassung auf einer gewissen schlauheit des 'clerk'?

vv. 6123-4 scheinen mir des zusammenhanges wegen ursprünglich.

v. 13617 (cf. in G v. 13616 farine/, das ohne reimentsprechung steht; infolge dessen ist auch v. 13616 in T weggelassen).

vv. 14371-2 sind für den zusammenhang wohl nötig.

vv. 21029-30 erscheinen ursprünglich, E hat fehler, F weicht in v. 21030 ab.

vv. 22857-8 sind nur in C:

> þai sal haf noþer o wel ne wa
> Bot in merckenes for euer and a.

Diese zeilen sind für den zusammenhang unnötig und sind vielleicht durch den vorhergehenden reim veranlasst: 'may saued be on nakin wai', so dass der schreiber an 'wa' und seine verbindungen dachte. vgl. v. 14896 über 'o wel ne wa', dessen sinn hier nicht recht passt. F hat einen anderen zusatz:

> of ham to speke I halde me stille.
> bot ihesu crist mai do his wille.

Als zusätze stehen in G T:

vv. 12744-51, welche eine blosse wiederholung von vv. 9245-52 sind; vv. 12739-43 in G, welche den stammbaum in C umschreiben, fehlen, weil ohne reim, in T.

vv. 14894-5 enthalten zwar eine begründung des vorhergehenden, zeigen aber wenigstens in

v. 14895 einen schlechten rhythmus und mit dem folgenden verse, der zu v. 14897 zu ziehen ist, keine gute verbindung.

vv. 14902-3 und vv. 14910-11 verraten sich durch die ähnlichkeit des gedankens als müssige zusätze.

Aus diesem fast wörtlichen übereinstimmen T's mit G in fehlern, änderungen der ausdrucksweise, lücken und zusätzen gegenüber den abweichungen besonders von F kann über die abhängigkeit des eines manuscripts vom anderen kein zweifel sein, nämlich des jüngeren T vom älteren G. Für ein abschliessendes resultat bedarf es der feststellung der abweichungen T's von G. Die offenbare verwantschaft von H L B mit T gestattet mir hier T H B L, soweit es durch die 'Edition' möglich ist, mit G zu vergleichen.

§ 10. Man vergesse nicht dass T und G dialektisch verschieden sind, dass also T oft genug gezwungen war, den ausdruck und somit auch den reim zu ändern, wenn aber einmal geändert wird, es auch zuweilen da geschieht wo es nicht nötig ist, und dass schliesslich derjenige welcher einen dialekt in einen andern umsetzt, jedenfalls nicht ohne weiteres das niederschreibt was er nicht versteht, demnach auch die gelegenheit benutzen wird eine fehlerhafte vorlage zu verbessern und eine epische breite lieber zu kürzen, was mir bei einem solchen grossen werke natürlicher erscheint als zu verlängern. So rühren auch die umstellungen der verse meistens daher dass T es liebt den hauptsatz als vordersatz hinzustellen. Eine andere art von abweichung T's von G habe ich nicht entdeckt.

T H L B zeigen gegenüber G:

1. gemeinschaftliche fehler und änderungen im ausdruck:

v. 6 mony mon T L B, die ersten 153 verse fehlen in H, [many thosand] G, vgl. 'hir' lijf in G mit 'his' lif in T L B.

v. 10 was noon in his tyme him liche	G: was non in his time funden suiche
v. 32 wol flite	wil smite
v. 36 he haþ	he takes
v. 46 men may him knowe	men may þaim knowe
v. 53 þat foles lif	þat foli lune
v. 60 þou shalt from hit or hit . .	þu sal fra hir or scho . .
v. 68 for dew dett	for duel dett
v. 70 þat in our nede	þat in mi [nede ..]
v. 85 shulde ȝe matere take	suld we mater take
vv. 93-94 in dede: rede	brade: made
v. 104 & reiseþ euer þe synful mon	& rayses þe sinful quen þai fall
vv. 105-6 sind in T L B umgestellt.	
vv. 107-8 knowe: lowe	ken: men
vv. 111-2 I: lastyngly	biginne: minne
v. 115 sum maner þing is good to knawe	sumkin jeste nu forto knau
vv. 125-6 may: ay	stand: lastand
vv. 139-40 newe: Esaue	ȝou: ysau
v. 150 how he was crafti iustise	hou craftili he did iustise
v. 177 mony & ryf T H L B	sua rif.
v. 185 o þe sponsebriche of o wommon	. . . . , þat womman
vv. 197-8 sind umgestellt.	
v. 207 touchynge þe apostlis of her feest	of þe tuelue apostlis sumkins ieste
v. 214 dredeful dayes	dreri dais
vv. 219-20 spelle: telle	roune: concepcion
v. 235 for commune folk of engelonde	Englis lede of meri ingeland
v. 236 shulde þe bettur hit understode	for þe comen to unþerstand
v. 247 ȝyue we vche lond his langage	gif we þaim ilkan þair language
v. 252 in pride & boost /	in mekil wast /
v. 268 for almast hit reherseþ alle	for all-mast it ouer-rines all

Vergleiche ausserdem die überschrift vor v. 271:

Hereþ now of þe trinite dere   Here begines o þe trinite & of þe
And of þe making of his world here   making of all þe worlde.

vv. 593-4, 909-10, 959-60, 2349-50, 5483-4 sind in T umgestellt.

v. 1254 þe stoppes of þi moder & me	þi moder & myn oþer broþer (sic!) sloth (G hat 'ouer baþer' misverstanden, so dass T diese worte überhaupt wegliess.)
vv. 3145-6 abide: tyde	bade: made
vv. 3294 to þinke /	in suink /
vv. 5789-90 pay: delay	visite: delite
v. 9846 al is þe wille of god myȝti	Bot monstrus miht men call þaim lik
vv. 9845-6 ferly: myȝti	ferlik: lik.
v. 9894 wiþ feire wardes . .	wid wallis thrinne . .
v. 10052 al hir heuyness	al ille heuynes
vv. 10155-6 dryuen: ryuen	dun: crachun

vv. 10785-6 sind in T L zu 4 zeilen, und vv. 10799-800 zu 6 zeilen ausgesponnen.

vv. 10835-906 sind unabhängig von G, aber um 12 zeilen weniger als in G. Der schreiber von T hat hier von einer noch unbekannten quelle gebrauch gemacht.

vv. 13415-7 avow: now	suike: kingrike.
vv. 13174-5 gon: anoon	iaiole: cole
vv. 13220-1 is: blis	iohn: thron
vv. 14878-9 dede: blede	stod: rod
v. 14912 unbynde in dede /	unbidden bede /
vv. 14914-5 gryn: him	passiun: ransum
v. 15060 ioye & game	welcum hame
v. 15806 bet /	forgett /
v. 16022 warnynge /	dring /

vv. 16235-6 und vv. 16237-8 sind umgestellt.

v. 16256 I con no furre þe lede /	men haldes þe for quede
vv. 18015-6 I haue oure iewes made in stryue	I haue him fandit to driue to dede
wiþ bittur peyn him bringe of lyue	mine eldrin folk o iuen lede
vv. 18415-6 bi syde: ful of pride	ihesu: did me tru
v. 18617 þe þridde day in certeyn tide	þe seuend day in paske tide
vv. 20087-8 to: she	to: scho (cf. x F)

vv. 20817-8 entsprechen vv. 20815-8, v. 20833 T = v. 20834 G, v. 20834 T ist nicht = v. 20833 G.

v. 20848 in tyme of nede my helpe þou be	sais all amen, þar (f. 'par') charite.
v. 20931 blynde he fel, seynge he ras	seand he fell, bot blind he ras
v. 21315 þe furstes gle o men was	þe fristes greff of irin was
v. 22444 or enten-uale bituir hem bide T	or enter-uale bituix þaim bide
or euyr vale bittir hem bide L	
v. 23738 here is good to make us frende	bot if we here haue mad na freind

vv. 23779-80 sind umgestellt.

vv. 23893-8 enthalten einen von G verschiedenen schluss.

2. gemeinschaftliche lücken:

T H L B:

vv. 237-42, 255-6, 259-64.

vv. 1577-8 und vv. 1583-4, für die in T andere stehen, so dass die reihenfolge ganz verschieden geworden ist: vv. 1569-72 sind nicht in G, vv. 1573-5 T = vv. 1569-71 G, v. 1576 nicht in G, vv. 1577-80 T = vv. 1573-6 G, vv. 1581-4 T = vv. 1579-82 G, v. 1585 T = G.]

T L:

vv. 2011-2, 3461-2, 3483-4, 3583-4, 3919-20, 4293-4, 4319-20, 4323-4, 5197-8, 5219, 5222, 6562-7, 6933-4, 7613-4, 7907-8, 8081-2 (T), 8165-6, 8790-1 (T), 9461-72, 9721-2 (cf. B), 9885-6, 10169-70, 10187-8, 10589-90, 10913-6, 10985-6, 11035-6, 11121-2, 11279-82, 11555-6, 11787-8; 11935-6 (T), 12675-6, 12908-9, 13046-7, 13507, 13509, 13617, 13840-1 (T), 13940-1, 14290-1, 14373-4 (T), 14452-5, 14874-7 (T), 14916-23 (T), 14926-33, 15487-90, 15951 (halbe langzeile) (T), 16029-30, 16551-2 (vv. 16549-52 in G sind in T L zu 2 halbversen zusammengezogen, v. 1655 ¹/₂ G den vorigen 2 reimen angeglichen), vv. 16787-94, 16815-6, 16859-68 (v. 1685 ⁷/₈ hat keine reimentsprechung), 16947-8, 16957-8, 16967-17008 enthalten einen langatmigen schluss über den gedanken 'none can think how good he was!', vv. 17083-98 (schlussgedanken); vv. 17099-110 enthalten das selbstlob desjenigen 'þat þis bok gart dight, John of Lindbergh'; vv. 17111-270 'A Discourse between Christ and Man' können als für den epischen zusammenhang nutzlose einschiebung entbehrt werden; vv. 17271-88 enthalten die einleitung zu 'Of Joseph of Arimathea', die eine kleine geschichte für sich ist; T schickt dem anfang seiner erzählung die einfachen worte voraus:

> O Joseph of Aramathi
> To speke now spede wol I (cf. L).

vv. 17883-4 (auch H), 18115-6, 18247-50, 18347-8, 18361-2, 18597-600, 18629-30, 18945 (T H), 19083-4, 19193-4 (T H), 19985-8, 20061-4, 20237-8 (T), 20293-4, 20539-40, 20767-70, 20783-4, 20797-8, 20809-16 (T), 20837-42, 20855-6, 20869-70, 20973-6, 21039-40; vv. 21347-846 enthalten eine legendenhafte

sode, die zum charakter des epos wohl passt, aber den gang
der erzählung (und das scheint für T massgebend gewesen zu
sein) unangenehm unterbricht; vv. 22163-4, 22397-8, 22425-6,
22455-8, 22481-2, 22553-4, 22557-8, 22621-2, 22647-8,
22673-4, 22843-4, 23101-2, 23195-6, 23329-30.

3. gemeinschaftliche zusätze:

T L:

vv. 3727-8 vermitteln den zusammenhang, sind aber vollständig
verschieden von C F.

vv. 4105-6 sind nutzlos, denn wir finden in vv. 4107-8 denselben
gedanken mit verschiedenen reimen; sie fehlen natürlich auch
in C F.

vv. 6729-30 wiederholen der deutlichkeit halber das subjekt in
einer umschreibung, fehlen auch in C F.

vv. 9493-4 verraten sich durch die ausdrucksweise 'in þe lordis
þat him owe', fehlen natürlich auch in C F.

vv. 11321-2, die auch in C F fehlen, sind überflüssig.

vv. 11651-2 enthalten die wiederholung eines kurz vorhergehenden
gedankens, z. t. auch des ausdrucks und sind vollständig verschieden von denen in F; sie fehlen ebenfalls in C. Der zusatz ist vielleicht in beiden mss. durch den abschluss der vorhergehenden zeile 'and lamb und fox' hervorgerufen, die, ebenfalls subjekt zum vorhergehenden verbum, dem schreiber einer
ergänzung zu bedürfen schienen.

vv. 12816-7, so dass vv. 12814-5 C F G zu 4 versen ausgesponnen sind, um dem reim 'hatt': 'gatt' zu entgehen. Zu v.
12814 desert / T liess sich aus v. 12815 ein entsprechendes
reimwort schwer finden, daher der allgemeine schluss 'al apert';
v. 12816 T enthält nun den gedanken von v. 12815 in C F G,
zu dem v. 12817 in T als flickvers hinzutritt.

vv. 12876-7 enthalten einen der bibel entnommenen zusatz, der
sich leicht ergab; fehlen auch in C F.

v. 13185, der in G fehlt, so dass v. 13184 in G keine reimentsprechung hat, ist ein flickvers, der nicht die geringste ähnlichkeit mit dem entsprechenden verse in C F hat.

vv. 16839-40. Von v. 16838 G konnte T den fehlerhaften
reim 'rane' (: one) nicht gebrauchen; den gedanken 'unrekenli
it rane' umschreibt er nun in 3 zum teil fehlerhaften halb-

versen, so dass wir drei reimwörter haben: 'one': 'anone':
'mone'.

vv. 16873-4 sind angleichung an 'doun': 'boun'; das ausgelassene
'smerel' 16871 G (in T's dialekt 'oynement') holt der schreiber
in v. 1687³·⁴ nach.

vv. 17355-6 enthalten eine wiederholung von vv. 17351-2.

vv. 18417-8 hat T hinzugefügt, weil er zwischen vv. 18416 und
18419 in G (in F ist eine lücke) den zusammenhang ver-
misste; daher wurde auch v. 18416 geändert und zwei neue
verse wurden hinzugefügt, die den gedanken von v. 18416
ausführen und, was ganz natürlich ist, mit C ähnlichen inhalt haben.

vv. 18711-2 sind überflüssig und fehlen auch in C F.

vv. 19301-2 (auch H) unterbrechen den zusammenhang; sie fehlen
auch in C F.

Man sieht dass da wo eine wirkliche lücke in G ist, diese vollständig abweichend von C, ein anderes mal mit hilfe der bibel
ähnlich wie C ergänzt wurde, und dass im übrigen sämtliche zusätze
die auch in C F fehlen, überflüssig und zum teil fehlerhaft sind.

Aus der zusammenstellung geht mit bestimmtheit hervor dass G,
welches nicht die fehler, änderungen, lücken und zusätze von T H L
B teilt, mit ausnahme von vv. 10835-906, die quelle von T H
L B gewesen sein muss. Es handelt sich jetzt darum das verhältnis
der letzten 4 handschriften T H L B unter einander festzustellen[1].

§ 11. L T (H B) teilen nicht die fehler, änderungen oder auslassungen in L.

1. Fehler und änderungen in L gegenüber T (H B):

v. 16 cawght f. saght.	v. 10673 must f. nust (= wist not)
v. 85 þe f. ȝe.	v. 11315 & vii hight f. symeon hiȝt
vv. 91-2 world: rold (T. 'werd': 'herd').	v. 11316 many a shoure (mony a bone T)
v. 152 born f. bare.	v. 11370 ontwerd f. ouerthwert.
v. 253 tyrandise f. trewandise.	vv. 14159-9 ynde: fynde (Iude: cuntre
v. 9625 they f. þi.	T, C F G),
v. 9645 'wiþ' omitted.	v. 16461 how fondly f. foulely.
v. 9747 suster f. suffer.	v. 16492 to priue f. so priue.
v. 9996 suyþe f. swete.	v. 17693 fudary f. sudary.
v. 10027 man f. name	v. 17845 wreche f. whiche.

---

[1] Für eine kritische ausgabe der nördlichen version des Cursor Mundi hat
dies freilich keine bedeutung, könnte es aber haben für eine dialekt-untersuchung
die entweder von G ausgeht, oder sich an einen G zunächst stehenden text anschliesst und für den südlichen dialekt manches interessante zu tage fördern wird.

v. 17903 noyns f. vois
v. 17937 thou come f. þan come
v. 17982 to reysen f. to receyue
v. 18018 to symte f. smyte
v. 18045 fals (T hat das inkorrekte wort 'fas')
v. 18053 a word (T hat versehentlich 'awerd')
v. 18065 ys stalworthe (T hat versehentlich 'if')
v. 18096 our f. ȝour
v. 18107 ryse & said (T hat 'rise I saide')
v. 18188 distrowbelyst f. distowrbyst
v. 18199 breuely f. bremely

vv. 18229-30 duke: belsabub (T 'duk': 'belsabuk')
vv. 18265-6 werrid: ouyr-taruid werrayd: bitrayed T
v. 18266 thyne (T hat versehentlich 'pine')
v. 18438 hat den nach 'herd' eingeschobenen inf. 'sey'.
v. 18465 he hath (T hat versehentlich 'ȝe haue')
vv. 19005-6 wiþouten let: hight (T 'let': 'het')
v. 20281 breth (: myrth); T birþe (: mirþe)

2. Lücken in L gegenüber T (B), soweit material in der edition vorliegt:

vv. 81-82, 97-8, 1624-5, 10693, 10927, 11130, 18328.

II. T (L B) teilen nicht die fehler und lücken in H.

1. Fehler in H:

v. 18020 furst f. þurst; v. 18023 as þis tyme f. ar.

2. Auslassungen in H:

Die ersten 152 zeilen fehlen.

Im übrigen stimmt H mit T, wenn man nach den vorhandenen proben urteilt, wort für wort, ja buchstabe für buchstabe überein. Vgl z. b. v. 206, sende T H, sent L B; v. 208, endede meest and leest / T H, endyd (endid) most and leste (leeste) L B; v. 218, henge T H, hyng (hang) L B; v. 254, myȝt amenden in mony wise T H, might amend in many (manes) wise L B.

III. T (H L) teilen nicht die fehler, änderungen und auslassungen in B.

1. Fehler und änderungen:

v. 10 toun f. tume = tyme
v. 11 hill f. his
v. 48 regneþ f. rage
v. 49 spenden mane her ȝounge age: spende mony her ȝouþe & age T
v. 51 stours f. showris
v. 71 sauit f. saviþ
vv. 72-3 und v. 77 ändert B ein wenig.
vv. 91-2 ändert B den versschluss, weil der schreiber nicht die reimwörter 'werd' (= werld): 'herd', gebrauchen will; er nimmt nun 'here': 'here'.
vv. 97-8 trowhede: spede; trouþhede: sprede T
v. 109 told f. bold

v. 123 & telle of þe principale: & telle sum gest principale T L.
v. 130 beute f. bounte
v. 153 a-ȝene to by f. for to by
vv. 155-6 sind umgestellt.
v. 159 sowfte f. sowght
v. 186 stond / f. stone
v. 188 eght & þrity ȝer (auch C F). 28 ȝere T H L (auch G). B konnte sehr leicht nach St. Joh. v. 5 ändern. Der schreiber änderte ebenfalls 'preched' in G T H L zu 'praysed' (cf. C F).
v. 9541 'in pees' fehlt.
v. 9542 be f. ne
v. 9553 lokys f. lokyd

v. 9560 enny f. enemy
v. 9571 lesse f. leffe = leue
v. 9588 ʒe f. I
v. 9594 unto; bitwix and T (L hat verschiedenen ausdruck.)
v. 9610 myght; wolde T L
v. 9638 ʒeff f. ʒeffen = ʒyuen T, yeuyn
L, cf. v. 9710.
v. 9642 by; bifore T L

v. 9654 assayle f. assayleþ (L assaieþ)
v. 9662 now f. no
v. 9667 may f. made
v. 9675 no mo liues; mo on liues T L
v. 9685 hem & þe; hem þre T L
v. 9720 sesiþ; fyneþ T, fsinsþ L
v. 9738 here f. praiere
v. 9739 make f. made
v. 9742 sche oght to be herd; she owe be
herde T L

2. Auslassungen:

B schliesst mit v. 22004, T H L enden mit v. 23898.

Hieraus ergiebt sich dass, da T nicht die fehler und lücken von H L B, H B nicht diejenigen von L, L B nicht diejenigen von H, H L nicht diejenigen von B teilen, T bei seiner sonstigen genauen übereinstimmung mit H L B: G (C F) die direkte quelle von H L B sein muss, indem L nicht die quelle von H B, H nicht die von L B, und B nicht die quelle von H L sein kann.

Das material, so unvollständig es auch sein mag, genügte voll-ständig, um dies resultat herbeizuführen.

§ 12. Es bleibt uns noch das wichtige fragment A (die Assumptio Mariæ) übrig. Zur genauen bestimmung desselben habe ich mir er-laubt eine in der 'Edition' nicht vertretene, sondern von J. R. Lumby herausgegebene handschrift Gg heranzuziehen.

I. Wir erkennen zunächst ein zusammengehen von A x y: Gg:
1. im ausdruck und inhalt:[1]

A x y:	Gg:
v. 20068 fleschli kynnes man (G weicht ab)	his oʒe quenes man
v. 20121 naked & hungry sche cloþed & fedde	poure & hungrie wel faire he fedde
v. 20126 she it served, and þat was ryʒt	for heo servede hem wel riʒte
v. 20140 that faire lade, heuene quen A þe leuedi þat es heuene quene x y	Ten wyntere hem amonge.
v. 20216 a bone (F hat 'a bede, in E 'leaues lost here')	*aboue* (in T auch 'aboue')
v. 20234 miʒt & space	wille & space
v. 20243 hure sibbe & hure kynnes men	boþe sibbe & *fremde* men.
v. 20252 þat mi saul haf no vnplyʒt (na plight C y)	þat mi saule ne beo idriʒt
vv. 20253-4 the good þat ʒe haue doun me my sone, þat was doun on þe tre	þat god ʒe habbeþ me ydon mi sone þat was in rode ydon.
v. 20303 wiþ reuful steuene	wiþ milde steuene.

---

[1] Änderungen die von dem verschiedenen dialekt der einzelnen mss. her-rühren, sind wegen Gg nicht berücksichtigt.

Die lücken in F und E sind hier ohne belang.

2. in zusätzen:

vv. 20105-8 fehlen in Gg, obwohl für den zusammenhang nötig.

vv. 20171-2 enthalten abschliessende worte des engels, welche entbehrt werden können.

vv. 20263-4 können als wiederholung eines kurz vorhergehenden und nachfolgenden gedankens entbehrt werden.

vv. 20293-6 enthalten eine erweiterung des vorhergehenden:

> þan I þee se suche semblant make
> For shal I neuer suche a ladi take
> Hastou ouȝt herde þat I ne can
> Off me or of any oþer man?

Gg hat einige andere zeilen (vv. 231-2). Die fassung in Gg (vv. 229-32) ist der von A (vv. 233-8 = vv. 20291-6 in C G) wohl vorzuziehen. Gg hat in v. 229 ised für 'he sed.'

II. Ferner bemerken wir ein zusammengehen von A Gg: x y:

1. im ausdruck und reim:

A Gg:	x y:
vv. 20081-2 wepe: fete	grete: fete.

Es würde sehr voreilig sein aus den reimwörtern 'grete' : 'fete' auf eine abhängigkeit A's und Gg's von der quelle von x y zu schliessen. 'Wepe' : 'fete' verraten nur das frühe alter der handschriften und sind weiter nichts als assonanzen.

v. 20088 'alas! my sone' þo saide sche A 'alas, my sone' seide heo Gg	'Alas! Alas, alas!' said sco
v. 20098 I shal þee take a trewe fere A Ihc schal þe teche a trewe ifere Gg	I sal biteche þe a fere
vv. 20119-20 gode : fote	bote : fote.
vv. 20131-2 toglade hure hymself he cam that of hure bodi flesche nam (Christ þat fless of hire nam)	he self com quilum þat scho bare for to confort his moder care
vv. 20137-8 while sche was in þat stede al þat sche wolde he hure dede	al þat scho badd gladli he did To quils þai lenged in þat sted
vv. 20141-2 than wolde hure sone sche com him to when he wolde hit was do	hir langed sare hir sun cum to quen scho gernd son was scho
v. 20144 with myrry steuene	wit a mild steuen
vv. 20145-6 Ther sche was & bad hure bede Lyȝth (liȝte) an angel in þat stede	In the temple wit her he met Anurd hir & tar hir grette
vv. 20191-4 (= vv. 139-40 A & vv. 131-2 Gg):	

to þat aungel seide our ladi	þan said Maria, ur lauedi
'what is þi name þat standeþ me bi?' A	To the angel þar stod hir bi
þanne ausuarde ure lefdy:	'Quat es þi name, þou suet ami?
'What is þi name, belamy?' Gg	Gladli þar-of wijt wald i.'

Es ist klar dass A hier seine quelle änderte; vermuten wir:

to þat aungel standeþ bi our ladi
saide 'What is þi name, belamy?'

Ähnliche zeilen wie diese wurden von Gg ebenfalls geändert und konnten von O, der quelle von x y, welche jünger ist als die von A, wegen der gedrängten ausdrucksweise ebenfalls nicht gebraucht werden.

| vv. 20205-6 'When he had iseide, to heuene he steie | Quen þe angell had his erand made |
| And Marie þer bi-left he (Marie abod & wel sleȝ) | He went, ur leuedi efter bade. |

In v. 20206 verwarfen A sowohl als C y 'sleȝ' vielleicht deshalb weil sie es im schlechten sinne nahmen, obwohl es hier im guten sinne = 'klug, einsichtsvoll' steht.

| vv. 20241-2 when she hadde praied so hure frendes sche callid hure to | Quen scho had praid tus als scho wald Hir freind-men til hir scho cald. |

Dass wir in der nördlichen version eine änderung der vorlage vor uns haben, lässt sich nicht leugnen. Abgesehen von der schwerfälligkeit des rhythmus, den F etwas fliessender macht, ist auch der zusatz 'als scho wald' ein verräter. Der schreiber von T wusste nicht einmal etwas damit anzufangen, denn er schreibt 'þat she walde' in seinem dialekte.

| v. 20262 how schulle we louen withoute þee | hou we liue quen þou wil fle. |

Gg hat die korrekte lesart: 'liue.'

vv. 219-20 (nach vv. 20276) in A und vv. 215-16 in Gg:

| mi bodi mai no peyne þolen | Mi bodi ne schal no pine þole |
| for he was þer-of y-boren A | For he was þer-of ibore Gg |

sind ähnlich, aber umgekehrt, den vv. 20279-80 in C G:

for my licam his bodi bare
He wel i suffer o na care
(He wil it suffere of na sare)

indem v. 20280 eine wiederholung von v. 20278 ist:

For my son wil þat it be sua.

| vv. 20285-6 as she so spak to þe mon off al þat wist nought seynt . Ion A | Quile scho spac þus, þat such woman þar-of it wist noght saint iohan. |

þe while he spac þus to þis
men
of al þat þing nuste noȝt Ion
Gg

v. 20288 ferli him þought þat sche was sory.   ferli him thoght þai wari sari.
(& him þuȝte heo was sori)   Der schreiber muss 'heo' oder 'he' für
'þai' misverstanden haben.

vv. 20291-2 sei me, ladi, what is þee?   lenedi qui mas tu sli chere
he sede
For me were leuer þat I   ded war me leuer þat i wer
were dede A
lefdi what is þe ised (f. he sed)
Me were leffre to beo ded Gg
(vv. 229-30)

v. 20293 in C G hat ähnlichen inhalt wie v. 231 in Gg, welcher
vers sich anschliesst an

'me were,' etc.: 'þane i seo þe make such chere'

mit der entsprechung

'what is þe? my lefdi dere?'

2. in zusätzen:

vv. 221-2 (nach v. 20280 in x y) in A und vv. 217-8 in Gg:

He þoled deþ himself for me   He þolede pine himself for me.
He honged nailed on þe tre A   þo he deide upon þe tre Gg

Gg's lesart mit seinem anschluss an 'pine þole' scheint den vorzug
zu verdienen.

III. Ich konstatiere sodann ein zusammengehen von x y Gg: A:

1. A weicht ab von x y, Gg im ausdruck:

A: x y, Gg:

v. 20072 & man take hure to moder in   for mans luue thol i þis pine x y
good wone   þat on þe rode is ispild Gg
vv. 20077-5 (27-b)
But þei haue wille to louen me   mine aun þat aght me to louen
For wham I hange on þis tre   for quam i com dun fra o-bouen
vv. 20085-6 when he þat of hure fiesche   for he þat nam of hir fiess
nam
for his holi swete nam   als his suet wil al wess x y
whenne he þat of hire nam blod & fless
also his suete wille was Gg
v. 20091 neuer ere wist I of sorwe nouȝt   ne cuth ic ar o soru noght
(ne cuþ ihc neure of soraȝe (sorewe
noȝt.)

vv. 20111-2 sind in A umgestellt.
v. 20117 pore f. þore.
v. 20148 blessed be þou in eche place   wel be þe euer in ilk place
(wel be þe in eche place)
vv. 20161-2 thou take þis palme þat I   tak þis palme her in þi hand
bringe þee
þi dere sone haþ sent it þee   it es þi dir sun saand C y
nym þis palm wiþ þi riȝt honde
hit is þi dere sones sonde.

v. 20183 I f. me.

vv. 20211-2 sche dide of hure clothes alle   of scho did tan al hir hater
           & wasche huré wit water   & wesch hir suet bodi in water C y
           o wille   He dude of al hire batere (f. hatere)
                                   And wessch hire body with clene watere Gg

v. 20224 to reyne þee (sic!)   to deri me (Maria bittet Jesus sie vor dem teufel zu schützen.)

v. 20232 for man-kynne I praie þee   for sinful man bisek i þe
                                     (For senful manne bid ihc þe)

v. 20251 I it wole amende with my myȝt   I wil it mend, & þat is right.

2. A hat zusätze gegenüber x y Gg:

vv. 21-2 '& þenketh on my sorwe nowe
How I hange here abowe'

sind nach v. 20072 C als eine erweiterung der worte 'þi sone', welche irrtümlich auf Johannes statt auf Christus bezogen werden, hinzugefügt.

3. A hat folgende auslassungen gegenüber x y Gg:

vv. 20207-8 'þat palme scho nam þat was hir broght
O þat bode forget sco noght'

sind wegen der folgenden worte nötig:

'until hure chambre sone sche nam' A.

vv. 20239-40 Sun þou kep þam for (fra) þi fa
For quam þou thold al þis wa C x

welche in Gg so umgestellt sind:

for hem þu þoledest pine & wo
wite hem wel fram here fo

scheinen als schluss für den vorhergehenden gedanken:

Sun, thinc hou þou has tam wroght
And hou þou þam has dere boght C

nötig zu sein.

vv. 20277-8 To me ne sal it negh na wa   ne schal no soreȝ come me to
           for my son wil þat it be   for my sone hit wule so Gg
           sua C G

scheinen in enger verbindung mit den vorhergehenden zeilen zu stehen:

'Has na dred, bot wijts it wele
O pine ne sal i thol na dele,'

ausserdem möchte ich vermuten dass sie wegen des rhythmus, welcher mir in Gg gleich vierzeiligen strophen klingt, nötig sind.

IV. A, Gg, x y weichen unter einander ab:

vv. 20165-6 he shal sende after þee   He wile senden after þe
           of heuene ferde moche plente   from heuene adun of his meigne Gg
           A

He sal send efter ful son
Ne sal þu nawight lang her hon.

v. 20168 that euer was & now is A   þat eure schal leste wiþute misse Gg
       þar þou sal euer ha mirth i-wisse C y

vv. 20181-2 with my frendes & my kynnes   and nyme lyue of mine kenesmen
       men
      & with hem þat I in erþe   & myne frend þat wiþ me beon Gg
      haue ben A
       I wald wijt gladli tuix & quene
       To tak lene at mi kinesmen C y

v. 20183 & hem þat I (sic!) haue fedde   & of him þat haþ me cloþed & fed Gg
      & clad A
      o freindes þat me fedd & clad (C has 'ladd' (sic!)) C y

vv. 20187-8 come: abone A   come: abone Gg doun: bun C y

v. 20271 lateþ be ʒour greding (f. greting) hit helpeþ noʒt A
      leteþ ben, ower wepinge na helpeþ noþt Gg
      lat be weping, it helpes noght C G

vv. 20281-2 mi sone þat is king of heuene   He þat is almiʒtful kyng
      heuene schal me sende worde   Schal me sende of his geng Gg
      wel euene A
       He þat i bar, þat bliþ (f. bliþe) brid (f. bird)
       Sal me sende of heuen wird C G

vv. 20289-90 Seie me ladi, what is þee   and sede lefdy, what is þe
      what is þis folk þat I here   for mi seruice tel hit me Gg
      se A
     Fur o grace, leuedi, quat es te   leuedi, fild ful of grace, quat es ye
     and tis oþer leuedis þat i se C   and þir leuedis þat i here se? G

v. 20302 for þi sones loue seie þou me   For my loue tel hit me (v. 228) Gg
          (cf. v. 229 C G)
      for mi servis þou sai (þu tel) it me C G

Diese kleinen unterschiede gestatten allerdings keine grossen schlüsse
aus ihnen; aber sie zeigen doch dass im allgemeinen A und x y
mehr zusammengehören als Gg und x y. Indessen bedarf es der vollständigkeit wegen der vergleichung zwischen A und x y wo Gg,
welches nur 240 verse hat, nicht mehr verglichen werden kann.

V. A weicht ab von x y:

1. in ausdrücken, reimen und der reihenfolge der verse:

A: x y:

vv. 20311-2 sind umgestellt.
vv. 20327-30 But herestou now my frende   Quen time es þat he has me
      Jon
      When þou sest þat I am gon   Suet iohn, bi-sek i þe
      Kepe my bodi þat I ne be   þou lat na juus negh me to
      binomen
      When þe fellon Iewes comen.   Despit ful fain wald tai me do.
vv. 20335-6 mi sone þei hongen on a tre   þai hat na-þing mar þan me
      wel I wote so wolde þei me   mi sun þai hang o rode tre.

v. 276 A 'wel i wote' etc. = v. 20335 C G, und v. 275 A

'mi sone' etc. = v. 20336, infolge dessen die zählung der verse in der 'Edition' bis v. 20395 in C G nicht richtig ist.

vv. 20351-2 fare: haue   fare: euermare

Morris möchte 'euermare' nach 'haue' ergänzen; doch ist dies nach meiner ansicht unmöglich; auch J. R. Lamby, welcher in seiner pref. vii sagt: 'and bears traces of a more northern origin', scheint eine von der meinigen abweichende ansicht zu haben; cf. auch besonders vv. 20359—60.

vv. 20383-4 lone f. loue: i come	understand: hand.
v. 20367 Tho seide Petyr a ferli þinge	Here me now iohn, a ferli þing.
vv. 20395-6 So seide alle þat weren	We se wel þat we all er *her*
þere 'Suche wondre sawe I	Si ferli sagh we neuer *her*
neuer *ere*'	(We se wele þat we all her *here*
	Suilk farli sau we neuer *are*)

vv. 20397-8 haben indirekte rede 'of hem,' 'þei,' aber direkte 'of us,' 'we' in C G.

v. 20407 зou	us
v. 20410 bi-fore hure knele зe alle bi-dene	be-fore hir fair þan kneel yee
vv. 20347-8 sind umgestellt.	
vv. 20447-8 To kep þee & be þee by	To kepe al þe als our leuedi
Ther-fore we comen to þe lady	als lang sai þou ert her us bi
vv. 20449-50 Ful bliþe sche was of here	Sa fain scho was þat þai þer *wern*
coms	
'Blessed,' sche seide, 'be	'Blisced' scho said, 'al be þat *born*
my *sone*'	(barn)' C G
	ho was so faine at þai ware þere
	ho blessed þe childe atte ho bere F
vv. 20457-58 Kepeþ faire my body	wakes fair now mi licam
That none do me no vilany	wel i wat & traist i am

vv. 20461-2 sind umgestellt.

v. 20250 & siþen I hange on þe rode	þan es it right i do hir gode
vv. 20527-8 That Adam toke & *ete* it inne	He ete again mi forbidding
To helle he went & al his	He was tint & all his ospring
kynne	
vv. 20539-40 Thei token me & bette me	þai tok me þan & belt wel sare
sore	
And atte þe last þei dide	& atte last þai did me care.
wel more	

Ohne andere beweise und v. 20061 möchte man fast vermuten dass vv. 20539-40 anzeigten dass A von der quelle von x y abhängig wäre. Indessen, hoffe ich, wird niemand glauben dass 'more' eine änderung von 'care' ist; denn 'care' passt überhaupt nicht: 'þai did me care' ist dem gedanken nach keine steigerung von 'þai belt wel sare', welche doch nötig wäre. Im gegenteil vermute ich hier eine verderbnis des textes und sehe in 'care' einen irrtum für 'scar' =

raillery, d. h. sie verspotteten ihn, als er gekreuzigt wurde. Nun ist es auch klar dass ein schreiber des 14. jahrhunderts jene reime aus dem 13. jahrhundert nicht recht gebrauchen konnte und daher 'sare' in 'sore' änderte und für 'scar' ein neues reimwort suchte. Es fiel ihm kein besserer reim ein als der welchen er in vv. 20529-30 (i. e. vv. 431-2) schon gebraucht hatte: 'sore' : 'more.'

vv. 20541-2 swongen : bounden	wrang : hang.
v. 20552 hure f. him.	
vv. 20553-4 & seide, 'Ion, for my lone,	I said til him 'mi leif cosen
kep wel þis wyf, I am hure	Kep þis womman, es moder min.'
sone.'	
vv. 20581-2 In to þe chambre þer sche	Until hir bure wit miri sang
was Inne	
With ful many of hure kynne	þam thoght til hir wel suith lang.
vv. 20597-8 myȝt : bryȝt	rike : like
vv. 20605-8 'Sone', sche seide, I beseke	'Sun,' scho said, 'bath lauerd & king'
þee	
O þing þat þon graunt me	I þe biseke now of a thing
that I nouȝt þe deuel so	Quer i sai o þe feind haf sight
ne none þat euer with him be	Or of his þat er maledight. (F weicht
	ab in v. 20608.)
vv. 20609-10 fone: none	fa: þaa.
vv. 20613-4 ne wille I neuer þole *more*	wil i noght thol þe þam to *ssi*
that any of hem come þee	Sal he noght cum bifore þin *ei*
bi-fore.	(F endigt auf 'be-tor þe.')

vv. 20619-26 haben folgende endungen:

ȝyne: lyue: þee: þee: þee: pite: praiere: were   þe: fre: giue: liue: dere: praiere: war: bare.

vv. 20619-20 und vv. 20621-2 sind inhaltlich in C y umgestellt.

v. 20623 = v. 520 fehlt in C y, und v. 20626 fehlt in A. Wären vielleicht in C y änderungen anzunehmen, damit wiederholungen wie 'þee: þee: þee' vermieden wurden?

vv. 20627-8 worshipe : treuliche	leuedi : fulli

vv. 20631-2 sind umgekehrt.

vv. 20659-60 That no þing with-seie þe	It was vnright i auld witstand
Off þat þou wolt biseke me	þe of oght o þin erand C G
	hit ware un-riȝt to wiþ-stande þe
	ani þing þou askis of me F
vv. 20665-6 'So I auȝt, moder, & so I	'Sua aght i moder, wit-outen wand.'
wille';	
He left up his hond & blessed	He blisced her wit his right hand.
hure stille	
vv. 20667-8 His blessing sche þouȝt good	Til hir sun þat scho luued mast,
And he hure soule understode	þan scho yald hir blisced gast.

vv. 20715-40 und vv. 20741-64 sind dem inhalte nach umgekehrt in A, was für den zusammenhang nicht recht passt. Die verszahl ist

ganz verschieden. In A sind statt vv. 20741-64 C G (enthaltend
die erzählung von dem jüdischen 'priest') vv. 611—688 = 78 verse,
unter denen einige einschiebungen zu vermuten sind, z. b. vv. 623—
639.[1] Die reihenfolge der verse in A muss sein: 610, 689—710,
611—688, 753. vv. 711—752 stimmen mit C G nicht überein. vv.
753—4 in A sind den vv. 20771-2 in C y ähnlich.

v. 20732 or cast we it in a foul sere sere f. rere, (cf. Mark v. 13)[2]	for scho þat ilk traitur bare C y; in G stehen noch vv. 20733-4: þat we quilum hang on rode For us thoght he was noght gode.
vv. 20735-6 thei comen lepand þiderwarde & þat hem fel swiþe harde	þai wend to fill þair fol forward and son þai lep þider-ward.

vv. 20773-848 in C y weichen von vv. 755—904 in A sehr ab.

vv. 893—4 in A sind wiedergegeben in vv. 2005-8 in C y; C
hat dabei den fehler 'tuenti'.

v. 20775 'son þar efter, sum bok sais' x y lässt vermuten
dass der compilator sich hier einer anderen quelle bediente.

2. in auslassungen:

vv. 20333-4 mi bodi þou kepe fra þaim, i sai
þou we be sib, bath ic & tai

in C G scheinen mir wegen v. 20340 in C G und v. 280 in A
blosser zusatz zu sein.

vv. 20393-94 (zwischen vv. 332 und 333 in A)

als help me lauerd suet ihesus
I ne wat how i com in þis hous C G

gegenüber v. 20401:

'cums wit me into yon hous' C G

und v. 339 A:

'& comeþ wiþ me into þis hous'

welchen vers Moris irrtümlich mit v. 20394 zusammenstellt, scheinen
mir zusatz zu sein.

v. 20409 'cums now all her in wit me' C G scheint für die
folgende zeile ein flickvers zu sein, und als erweiterung sind wohl
vv. 20411-28 und v. 20430 hinzugefügt. Im ausdruck und inhalt
erinnern sie an früheres, so dass der nördliche schreiber, oder schon
der compilator (was noch eine offene frage bleibt) hier eigenes lieferte.

---

[1] Cf. Gierth, *Englische Studien*, vii p. 18.
[2] Cf. *The Gospel according to saint Mark*, ed. by W. W. Skeat, Cambridge,
1871 (Kentischer dialekt).

v. 20430 'Blisced moi þou ever bene' (cf. vv. 20153-4), der 'Suet leuedi of heuen quene' entspricht, scheint ein flickvers zu sein. Der rhythmus verrät verschiedene principien:

Cf. v. 20414 For-þé we er cúmmen to þé leuedí
    v. 20429 Suét leuedí of héuen quéne (A hat: & seieþ 'ladi heuene quene) mit
    v. 20424 Ríght bi-fór our léuedí sélue
    v. 20415 Bót a thíng said saint Johán
    v. 20416 to pétre ánd to apóstlis ilkán
    v. 20419 þát námen of áll our fér
    v. 20420 bifúre hír mak látli chere C, bifor hir mak na leith chere G.

Trotz der auslassung in A vermissen wir kein bindeglied im gedankengange.

vv. 20451-2 'I am his moder, wel he me kid
          I am ful fain yu ar me mid'

sind für den zusammenhang überflüssig. Wegen der reime müssen die mss. nochmals kollationiert werden. Für die nördliche version passen sie nicht, da bekanntlich 'mid' südlich ist und das nördliche 'miþ' schon im 13. jahrhundert durch 'wiþ' verdrängt wurde.

vv. 20491—508, die den paradiesgesang enthalten, ausserdem ein erdbeben erwähnen und von Marias worten: 'Wake, sleep not' erzählen, scheinen aus einer anderen quelle zu stammen, da v. 20500 auch sagt: 'als sais þe bok.'

Ausserdem fehlen vv. 20547-8, 20557-8, 20617-8, 20626, 20673-4, 20717-8, 20765-70.

3. in zusätzen:

Nach v. 20438 finden wir in A zwei zeilen (vv. 357-8), welche für den zusammenhang nötig sind, doch für C y nicht passen, da hier die vorhergehenden zeilen abweichen. In C y sagt Johannes Peter, wie sie sich gegen Maria (cf. vv. 20415-22) benehmen sollen. Dieser rat wird in A nicht erwähnt. Nun finden wir nachher die begrüssungsworte an Maria wohl in A, aber nicht von den aposteln, sondern von Johannes gesprochen, der hier den aposteln rät sie zu gebrauchen (cf. v. 348 'and seieþ' etc.). So finden wir nach den worten des Johannes: —

Than comen þe aposiles alle
And bi hure bigan to falle.

Nach v. 20490 sind im A vv. 409-10:

'She badde Ion & þe apostles alle
To kepen hure what so bi-falle!'

die entbehrt werden können; C hat dafür vv. 20491-508.

Nach v. 20598 finden wir 2 zeilen (vv. 495-6), welche eine überflüssige wiederholung eines früheren gedankens (cf. v. 492 = v. 20596
C y) sind. Die assonanz 'come': 'bone' jedoch verrät ihr hohes alter.

Nach v. 20688 stehen 2 verse (vv. 583-4), welche eine wiederholung
von vv. 567-8 sind. Der gedruckte text interpungiert hier[1] so seltsam
dass der sinn der verse dadurch verkehrt wird. Man muss inter-
pungieren: 'Petre, I commaunde þee, mi moder bodi kepe þou me:
Iohan and all þine fere; nis no þinge me so dere.'

Nach v. 20720 stehen vv. 711-52 in A, die mit versen aus C y
nicht verglichen werden können und in den zusammenhang nicht
passen, so dass man annehmen kann der schreiber von A habe sie
aus einer anderen quelle. Diese doppelte herkunft der einzelnen
partien erklärt auch die confusion in der die vv. 20715-60 und vv.
20741-64 stehen.[2]

Dieser paragraph scheint deutlich zu beweisen dass —

1. Gg kein fragment des originals ist, aber seinem südlichen, das
man mit Ω bezeichnen kann, am nächsten steht;

2. A der nördlichen quelle von x y, mit O bezeichnet, am
nächsten steht, sobald man es mit Gg vergleicht;

3. A und Gg auf die quelle Ω hindeuten;

4. Gg und O unabhängig von A sind;

5. Ω weder von A noch von O die direkte quelle zu sein scheint;

6. A und O für die vv. 1—610 in A und vv. 20057-8, 20065-
714 in O aus einer gemeinsamen quelle fliessen, welche mit ω bezeichnet wird. vv. 611—892 in A stammen aus einer anderen quelle,
die ich mit ξ bezeichne, während vv. 20715—774 in O noch auf ω
hinzuweisen scheinen, so dass nur vv. 20775-848 einer fremden
quelle, welche ich mit ε bezeichne, entlehnt sind.

Indem ich die noch übrigen quellen, aus denen O geflossen sein
wird, mit α, β, γ, δ und die quelle von T für vv. 10835-906 mit η
bezeichne, kann ich die zusammengehörigkeit und abhängigkeit der
einzelnen handschriften von einander durch umstehenden stammbaum
erläutern:

---

[1] Cf. auch die falsche interpunktion in v. 243: 'Iohan,' seide ladi, 'what i
þee,' statt: Iohan seide: 'Ladi, what is þee, . . .'
[2] Cf. Gierth, *Engl. Stud.*, pag. 17 ff.

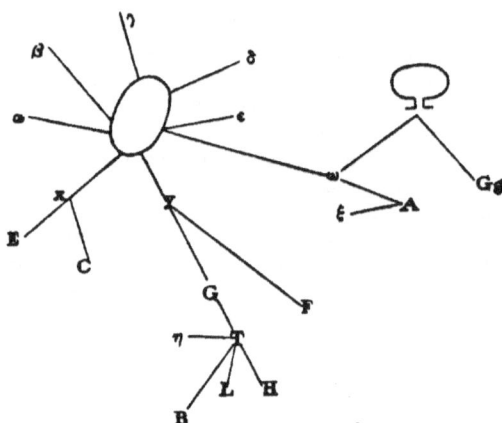

Resultat für eine kritische ausgabe der nördlichen version des *Cursor Mundi:*

1. C in einem dialekte aus der gegend von Durham geschrieben (die erwähnte ausnahme abgerechnet) bildet immer den ausgangspunkt und hat, wo E fehlt, zwei stimmen gegen F G.

2. Das fragment E in einem northumbrischen dialekte geschrieben steht C am nächsten, zeigt aber zu viele versehen und auslassungen, um anders als vergleichsweise mit F G gebraucht zu werden.

3. G wird besonders da von nutzen sein wo C lücken oder die mittelländische hand zeigt, obwohl der dialekt südlich von dem C's ist.

4. F, in einem nordwestlichen dialekte geschrieben (ohne die orthographischen absonderlichkeiten, wie sie uns im 'Sir Amadace' in Robsons *Metrical Romances* begegnen) muss mit grosser vorsicht benutzt werden.

5. A und Gg, welche beide in einem südlichen dialekt, aber zu verschiedenen zeiten geschrieben sind, werden für den inhalt und ausdruck zuweilen entscheiden.

6. T H, in einem südwestlichen dialekt in der nähe des mittellandes geschrieben und L B, im äussersten süden des ostmittelländischen dialektes, sind ohne belang. Höchstens kann T noch hier und da, wo die lesart von G in betracht kommt, zur benutzung kommen.

Diese arbeit wird auch in englischer übersetzung mit einer fortsetzung über die laut- und flexionslehre, sowie den versbau der nördlichen version des *C. M.* im 6. bande der ausgabe von Dr. R. Morris von der E. E. T. S. veröffentlicht werden.

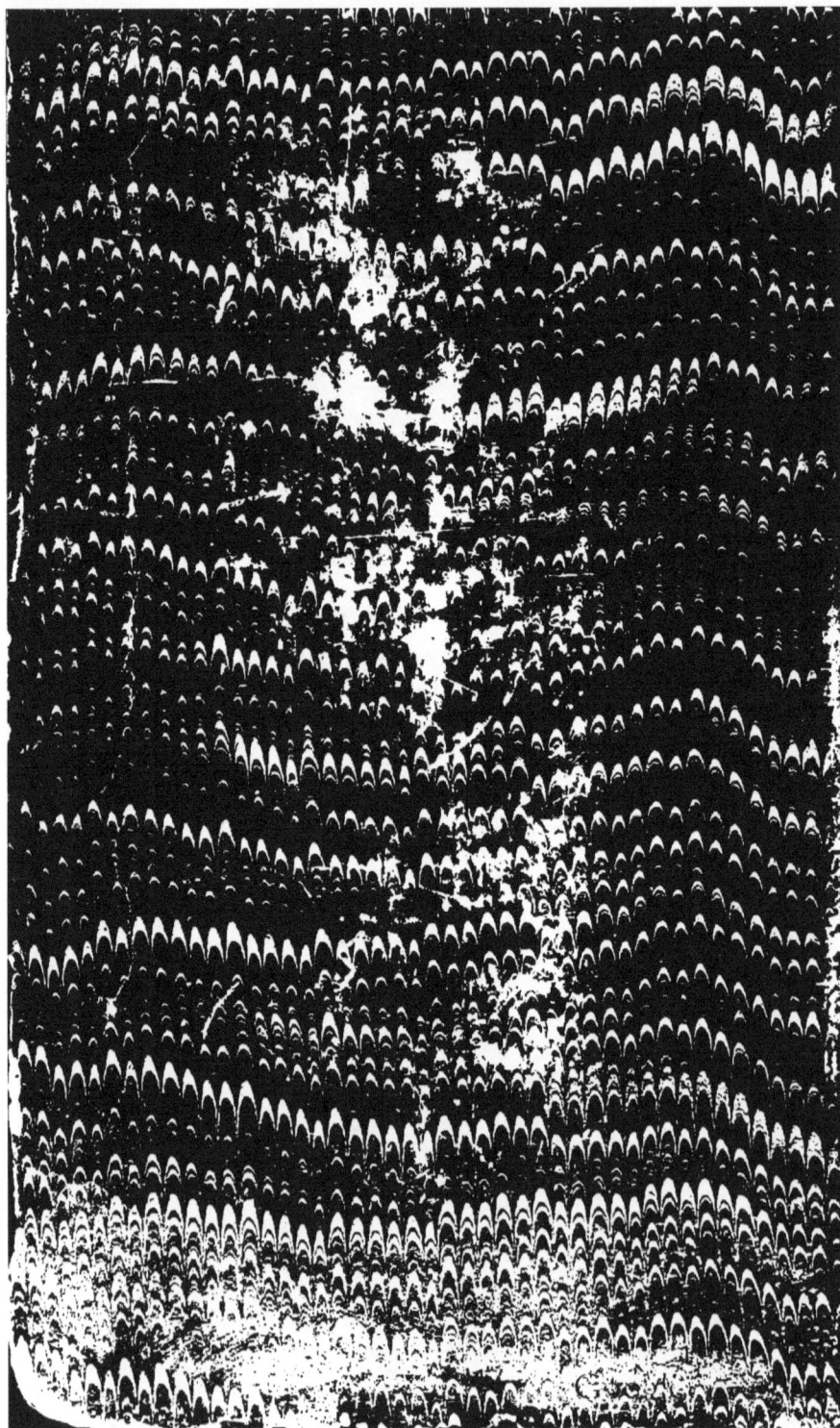